**Vom Hochmittelalter bis
zum Dreißigjährigen Krieg**

Expedition
Geschichte
3

Mittelschule Sachsen
Klasse 7

Herausgegeben
von Florian Osburg,
Dagmar Klose,
Uwe Uffelmann

**Von Almut Fiedler,
Christiane Görden,
Dieter Hallek,
Wolfgang Hasberg,
Hannelore Iffert,
Achim Jenisch,
Armin Reese,
Gundolf Schmidt,
Stefan Semel,
Ulrich Steppat**

Verlag Moritz Diesterweg
Frankfurt am Main

**Expedition Geschichte
Mittelschule Sachsen
Band 3, Klasse 7**

**Vom Hochmittelalter bis
zum Dreißigjährigen Krieg**

Genehmigt für den Gebrauch an Schulen, Genehmigungsdaten teilt der Verlag auf Anfrage mit.

Umschlaggestaltung und Gesamtkonzeption: Lichtenberg Mediengestaltung, Darmstadt; *Satz und Reproduktion:* Lettern Partners, Düsseldorf; *Druck und Bindung:* H. Stürtz AG, Würzburg.

ISBN 3-425-03327-1
Printed in Germany

Herausgegeben von:
Prof. Dr. Florian Osburg, Berlin
Prof. Dr. Dagmar Klose, Potsdam
Prof. Dr. Uwe Uffelmann, Heidelberg

**Band 3 für Klasse 7 wurde
erarbeitet von:
Dr. Almut Fiedler, Dresden
Christiane Görden, Dresden
Dr. Dieter Hallek, Magdeburg
Dr. Wolfgang Hasberg, Augsburg
Prof. Dr. Hannelore Iffert, Erfurt
Achim Jenisch, Karlsruhe
Prof. Dr. Armin Reese, Heidelberg
Gundolf Schmidt, Wermsdorf
Stefan Semel, Heidelberg
Ulrich Steppat, Frankfurt a. M.**

INHALT

VORWORT

Liebe Schülerinnen und Schüler, hier beginnt der Teil der „Expedition Geschichte" für die Klasse 7! Er führt euch von der Zeit des Mittelalters in die mit den großen geografischen Entdeckungen beginnende Neuzeit. Damit ihr euch auch auf diesem Abschnitt unserer Reise in vergangene Zeiten nach wie vor gut zurechtfindet, zeigen wir zu Beginn noch einmal, wie wir die „Expedition Geschichte" ausgestattet haben.

Weiterhin viel Spaß und Erfolg mit „Expedition Geschichte"!

Die ersten drei Seiten eines Kapitels, die *Auftaktseiten*, beschäftigen sich mit Vorgängen, die euch bestimmt neugierig machen. Oft geht es auch um etwas, das besonders typisch ist für einen bestimmten Zeitabschnitt, sodass ihr schon einen guten Einblick in das neue Thema bekommt.

Die Texte in dieser Schrift wurden von den Autorinnen und Autoren dieses Buches geschrieben. Sie geben euch Informationen über geschichtliche Vorgänge und Probleme. Obwohl diese *Verfassertexte* sich um möglichst sachliche Aussagen bemühen, spiegeln sie doch immer auch die persönliche Meinung und den Stil der einzelnen Autorinnen und Autoren wider.

Hier handelt es sich um *Quellentexte.* Es gibt Quellentexte, die aus der Zeit stammen, um die es gerade geht (Wissenschaftler sagen: Primärquelle). Andere Quellen enthalten Aussagen von Autoren, die sich deutlich später über einen geschichtlichen Vorgang äußern (Wissenschaftler sagen: Sekundärquelle). Auch Geschichtserzählungen von Schriftstellern kann man ähnlich wie einen Quellentext nutzen. In den Einleitungen zur Quelle erfahrt ihr, um welche Art von Quellentext es sich handelt. Quellentexte sind nach Unterkapiteln nummeriert und haben einen Quellennachweis.

Abbildungen sind bildhafte Quellen, wenn sie aus der Zeit stammen, von der sie berichten. Sind sie deutlich später entstanden, sprechen wir von Rekonstruktionen. Dieses Buch enthält viele Abbildungen, denn oft „erzählt" ein Bild viel mehr als ein langer Text. Bilder haben eine Bildunterschrift, die euch bei der Erschließung des Bildes hilft.

Karten und andere *grafische Darstellungen* sind von Zeichnern gestaltet, um geschichtliche Entwicklungen anschaulicher zu machen. Was man sonst noch mit Karten anfangen kann, erfahrt ihr im Buch.

Hier erhaltet ihr *Arbeitsanregungen*, Fragen und Tips, die euch Hinweise geben, wie ihr euch mit Texten, Karten und Bildern befassen könnt. Oft gibt es auch Anregungen zum Diskutieren, Spielen, Zeichnen usw. Die Arbeitsanregungen sind seitenweise nummeriert.

„Gewusst wie!" Immer wieder begegnet euch auf unserer „Expedition" in die Vergangenheit etwas Neues. „Gewusst wie!" gibt Hilfestellungen, um das Neue zu entschlüsseln. In diesen *Methodenschulungen* lernt ihr, wie ihr z. B. Bilder, Karten und verschiedene Textarten zum „Sprechen" bringen könnt.

„Expedition Geschichte." Wer sagt, dass Geschichtsunterricht immer im Klassenraum oder im Sitzen stattfinden muss? Hier findet ihr Ideen für kleine und größere *Projekte*, Spielanleitungen und Experimente.

„Geschichte im Überblick." Die letzte Doppelseite eines Kapitels enthält eine kurze *Zusammenfassung* und einen *Zeitstrahl*, der euch die zeitliche Einordnung wichtiger Vorgänge erleichtert.

Zu besonders wichtigen oder schwierigen Begriffen findet ihr am Ende des Buches ein kleines *Lexikon mit Worterklärungen*.

*Mittelalterliche Burganlage
(Rekonstruktion)*

Das Leben auf einer Burg

Viele Leute denken sofort an Ritter, wenn vom Mittelalter die Rede ist. Bestimmt hast auch du schon durch Sagen, Abenteuerromane, Spielfilme oder einen Museumsbesuch einiges über diese geheimnisvollen Personen erfahren. Mit dem Rittertum verbindet man normalerweise Begriffe wie Burg, Burgfräulein, Turnier, Streitross, Knappe, Minnesang und ritterliche Ehre. Hier kannst du dein Vorwissen überprüfen.

A1 *Eine Burg wie diese hast du vielleicht schon gesehen. Unterhalte dich mit deinen Mitschülerinnen und Mitschülern darüber, wozu die einzelnen Bestandteile dieser Burg wohl gedient haben.*

Mit dem Aufstieg des Rittertums entstanden in West- und Mitteleuropa seit dem 10. Jahrhundert zahlreiche Burgen, die den Rittern als Wohnsitz und Befestigung dienten. Burgen, die aus militärischen Gründen oft hoch auf einem Berg gebaut wurden, stellten auch Symbole der Macht dar und halfen den Rittern dabei, Herrschaft über das Umland auszuüben. Die Ritter waren die Grundherren der Bauern der Umgebung und lebten von deren Abgaben und Frondiensten. Das Leben auf einer Burg war dennoch nicht immer angenehm.

Q1 Aus einem Bericht des Ritters Ulrich von Hutten aus dem Jahre 1518:
„Die Burg ist von Mauern und Gräben umgeben, innen ist sie eng und durch Stallungen von Vieh und Pferden zusammengedrängt. Daneben liegen dunkle Kammern, voll mit Geschützen, Pech, Schwefel und allen übrigen Waffen und Kriegsgerät. Überall stinkt es nach Schießpulver;

So stellt ein moderner Zeichner sich ein ritterliches Festmahl vor.

und dann die Hunde und ihr Dreck, auch das - ich muss schon sagen - ein lieblicher Duft. (...) Man hört das Blöken der Schafe, das Brüllen der Rinder, das Bellen der Hunde, die Rufe der auf dem Feld Arbeitenden, das Knarren der Fuhrwerke, (...) ja, sogar das Heulen der Wölfe hört man in unserem Haus, weil es nahe am Wald liegt. Der ganze Tag bringt vom Morgen an Mühe und Plage, ständige Unruhe und dauernden Betrieb. (...)"

(Pleticha, H.: Ritter, Burgen und Turniere, S. 25)

A1 Spielt folgende Szene: Zwei Ritter treffen sich und erzählen sich gegenseitig vom Leben auf ihrer Burg. Der eine ist zufrieden, der andere unzufrieden.

Festliche Gelage, wie man sie in Ritterfilmen häufig sehen kann, waren eher eine Seltenheit. Der Ritter Parzival, die Figur in einem mittelalter-

lichen Roman, sagte: „Daheim in meinem eignen Haus erlabt sich selten eine Maus." Wenn allerdings Gäste zu Besuch waren, wurde die ritterliche Tafel reich gedeckt. Wenn es sich der Gastgeber leisten konnte, waren die Speisen mit Pfeffer und anderen damals sehr seltenen Gewürzen zubereitet. Bei der ritterlichen Festtafel sollten bestimmte Tischsitten eingehalten werden.

Q2 Von höfischen Tischsitten schrieb der Sänger Tannhäuser im 13. Jahrhundert:
„Kein edler Mann soll mit einem Löffel trinken noch mit einer Schüssel. Auch soll sich niemand während des Essens über die Schüssel legen und dabei wie ein Schwein schnaufen und schmatzen. Gar mancher beißt von seinem Brotstück ab, taucht es dann wieder nach bäuerischer Sitte in die Schüssel; ja, mancher legt den Knochen, den er benagt hat, wieder

in die Schüssel zurück. Wer gern Senf und Salz isst, der soll nicht mit den Fingern hineingreifen. Man soll nicht gleichzeitig reden und essen wollen. (...) Man stochere nicht mit dem Messer in den Zähnen herum und schiebe nicht Speise mit den Fingern auf den Löffel. Auch lockere niemand bei Tisch den Gürtel. Man schnäuze nicht die Nase mit der Hand, auch sollen nicht alle zugleich in die Schüssel greifen; man esse nicht gierig, dass man sich in die Finger beißt. (...)"

(Zeitschrift für deutsches Altertum, Bd. VI/1848, S. 489 f.)

A2 Fasse zusammen, was damals bei Tisch so alles passieren konnte.

A3 Was wollte die höfische Gesellschaft mit der Festlegung dieser Regeln erreichen?

A4 Vergleiche das Bild mit dem Inhalt von Q2.

1 Kaiser und Papst im Streit

1.1 Der Papst – mehr als ein Bischof von Rom

Ursprünglich verstanden sich alle Bischöfe der Christenheit als gleichrangig. Sie hatten im Auftrag Gottes die „Herde" der Christen zu führen. Dem Bischof von Rom war sehr früh eine besondere Stellung zugekommen, weil er seinen Sitz am Grabe des heiligen Petrus hat. Der wird in der Bibel als „Felsen" des Glaubens und als Führer der Christen bezeichnet. So verstanden die römischen Bischöfe sich schnell als Stellvertreter des heiligen Petrus auf Erden. In den Bischofsversammlungen führten sie den Vorsitz und wurden „papa" genannt. Daraus wurde das Wort Papst.

Die Missionierung (Bekehrung) der germanischen und slawischen Stämme verstärkte den Vorrang der Päpste gegenüber anderen Bischöfen, setzten sie doch nun selbst Bischöfe in ihr geistliches Amt ein. Die Karolinger hatten den Papst beschützt und ihm ein großes Stück Land in Mittelitalien geschenkt. Mit der Kaiserkrönung Karls des Großen im Jahre 800 wurde der Vorrang der Päpste gegenüber anderen Bischöfen besonders betont: Sie verliehen den Kaisertitel. Im Bewusstsein der Menschen im Mittelalter wurden sowohl der Kaiser als auch der Papst von Gott in ihre Ämter eingesetzt.

Kaiser   Papst   Gott

Kaiser und Papst, von Gott mit ihren Herrschaftszeichen ausgestattet (Sachsenspiegel, 13. Jh.)

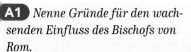 **A1** *Nenne Gründe für den wachsenden Einfluss des Bischofs von Rom.*

A2 *Wie wird in diesen Abbildungen das Verhältnis zwischen Kaiser und Papst dargestellt?*

A3 *Welche Zeichen der Macht erhalten Kaiser und Papst?*

Ausschnitt aus dem Evangeliar Heinrichs des Löwen

Gregor VII., der 1073 zum Papst gewählt worden war, erließ im März 1075 insgesamt 27 Grundsätze zur Rolle des Papstes.

Q1 Auszug aus den 27 Grundsätzen Gregors VII.:

„1. Die römische Kirche wurde von Gott allein gegründet.
3. Er allein kann die Bischöfe ernennen oder absetzen. (...)
6. Es ist untersagt, mit einer Person, die von ihm gebannt wurde, Umgang zu pflegen (...).
8. Er allein kann die Reichsinsignien verwenden.
9. Die Fürsten dürfen nur dem Papst die Füße küssen (d. h. und nicht dem Kaiser!).
11. Sein Titel ist einzigartig auf der ganzen Welt.
12. Er hat die Macht, den Kaiser abzusetzen.

19. Niemand kann über ihn richten. (...)
22. Die römische Kirche hat sich nie geirrt und wird sich nie irren, so wie es in der Heiligen Schrift geschrieben steht."
(Nach: Das Register Gregors VII., S. 201 ff.)

A1 *Welche Behauptungen über die Rolle des Papstes stellt Gregor VII. auf?*

A2 *Durch welche Grundsätze stellt sich Gregor VII. über jeden anderen Bischof?*

A3 *Gegen wen richten sich Gregors Forderungen?*

A4 *Vergleicht diese Grundsätze mit dem Bild oben. Welche Forderungen erscheinen euch ungewöhnlich?*

A5 *Versucht herauszufinden, welche dieser Aussagen sich in der katholischen Kirche bis heute erhalten haben.*

1.2 Der Investiturstreit und sein Ergebnis

Wieso erhob Gregor VII. derartige Forderungen und wie wirkten sie sich aus? Zunächst bestand ein Bündnis zwischen der weltlichen Macht des Königs und der geistlichen Macht des Papstes. Karl der Große war vom Papst zum Kaiser gekrönt worden, nachdem er ihm Schutz vor Feinden gewährt hatte. Es gab ein gutes Verhältnis zwischen Kaiser und Papst in der Folgezeit. Kaiser Otto I. erreichte dann einen großen Einfluss auf die Papstwahl. Der Papst geriet so in Abhängigkeit vom Kaiser. Außerdem setzte Otto Bischöfe und Äbte als Reichsfürsten ein. Mit ihrem geistlichen Amt verband er weltliche Aufgaben. Häufig wurden sie nur eingesetzt (= Investitur), weil sie das Vertrauen des Kaisers hatten. Später konnten sogar Kirchenämter – einschließlich des Papstthrones – gekauft werden. In der Kirche häuften sich die Stimmen, die mit dieser Entwicklung nicht einverstanden waren. Sie forderten eine Abschaffung des Ämterkaufs (= Simonie) und der Laieninvestitur (= Einsetzung ohne Priesterweihe), weil sie die Glaubwürdigkeit der geistlichen Ämter herabsetzen würden. Dies galt auch für die Ehelosigkeit der Priester, sollte doch das kirchliche Amt in Reinheit ausgeübt werden. Die Bestrebungen, die Kirche zu verändern (reformieren), hatten in Südfrankreich im Kloster Cluny ihren Ausgangspunkt. Gregor VII. war ursprünglich Mönch in Cluny. Nach seiner Wahl zum Papst setzte er zahlreiche Bischöfe ab, die durch den König in ihr Amt gekommen waren. Damit begann der Streit um die Einsetzung der Bischöfe, der Investiturstreit. König Heinrich IV. drohte er – sollte dieser mit der Bischofsinvestitur fortfahren – mit dem Kirchenbann. Das war die schärfste Waffe des Papstes. Ein Gebannter war aus der Kirche ausgeschlossen, durfte an keinem Gottesdienst teilnehmen. Ihm geleistete Eide – auch Lehnseide – waren ungültig. Jedem war verboten, zusammen mit einem Gebannten zu essen, zu trinken oder ihm Unterkunft zu geben. Man konnte ihn ungestraft töten. Da die Bischofsinvestitur von großer Bedeutung für die Macht des Königs war, hielt sich Heinrich IV. nicht an das Verbot. Daraufhin sprach der Papst den Bann über den König aus – mit ungeheurer Wirkung. Heinrich IV. sah sich schlagartig allein gelassen.

Heinrich IV. bittet im Januar 1077 die Markgräfin Mathilde von Tuszien und den Abt Hugo von Cluny, sich beim Papst für ihn einzusetzen. Die Burg Canossa, auf der sich der Papst aufhielt, gehörte der Markgräfin. Buchmalerei um 1114.

A1 *Beschreibe die Veränderungen im Verhältnis von Kaiser und Papst.*

A2 *Warum gab es Unzufriedenheit in der Kirche?*

Die Reichsfürsten forderten von Heinrich IV., dass er sich innerhalb eines Jahres vom Banne befreite. Ansonsten würden sie einen neuen König wählen. Heinrichs IV. Reaktion ist sprichwörtlich geworden: Er trat den Gang nach Canossa an.

In einem furchtbar kalten Winter, in der Jahreswende 1076/1077 reiste Heinrich IV. mit seiner Gemahlin und seinem zweijährigen Söhnchen unter großen Strapazen nach Italien. Die Kronvasallen Italiens versammelten sich in der Annahme, Heinrich IV. würde Gregor VII. absetzen und verjagen. Aber Heinrich IV. verzichtete auf Waffengewalt.

Der Papst selbst schilderte in einem Schreiben an die deutschen Fürsten, wie sich Heinrich IV. verhielt:

Q1 *„Drei Tage harrte er vor den Toren der Burg (von Canossa) aus, ohne jeden königlichen Prunk in Mitleid erregender Weise, barfuß und in wollener Kleidung. Er ließ nicht eher ab, unter reichlichen Tränen Hilfe und Trost des päpstlichen Erbarmens zu erflehen, bis alle, die dort anwesend waren und zu denen diese Kunde gelangte, von Mitleid und Barmherzigkeit überwältigt, sich für ihn unter Bitten und Tränen verwendeten und sich über die ungewohnte Härte unseres Sinnes wun-*

derten. Einige aber klagten, in unserem Herzen sei nicht die Festigkeit päpstlicher Strenge, sondern die Grausamkeit wilder Tyrannei."

(Schmale, F.: Quellen zum Investiturstreit I., S. 243 f., bearbeitet)

Heinrich IV. wurde nach diesen drei Tagen vom Bann losgesprochen.

A1 *Warum trat Heinrich IV. den Gang nach Canossa an?*

A2 *Diskutiert in zwei Gruppen die Argumente für bzw. gegen den Gang nach Canossa.*

Fast fünfzig Jahre dauerte es noch, bis Kaiser und Papst in einer Vereinbarung (Konkordat) den Streit zu regeln versuchten. Im Wormser Konkordat von 1122 geben sich der Papst Calixt und Kaiser Heinrich V. diese Versprechen:

Q2 Der Kaiser: *„Ich, Heinrich, überlasse Gott und der heiligen katholischen Kirche jede Investitur mit Ring und Stab, und ich gestehe zu, dass in allen Kirchen, die in meinem König- und Kaiserreich liegen, eine kanonische (= geistliche) Wahl und eine freie Weihe stattfinden."*
Der Papst: *„Ich, Bischof Calixt, Knecht der Knechte Gottes, erlaube Dir, von Gottes Gnaden erhabener Kaiser, dass die Wahlen der Bischöfe und Äbte des deutschen Reiches in Deiner Gegenwart stattfinden. Der Gewählte aber soll von Dir durch das Zepter die Regalien (Lehen) entgegennehmen, und er soll das leisten, was er Dir wegen dieser rechtmäßig schuldet."*

(Laudage, J.: Der Investiturstreit, S. 87 ff.)

A3 *Welche Rechte hat jetzt der Kaiser und welche hat der Papst bei der Einsetzung von Bischöfen?*

A4 *Erkläre, was sich mit dem Wormser Konkordat gegenüber früherer Zeit verändert hatte.*

1.3 Frömmigkeit im Mittelalter: Die Pilgerfahrten

Frömmigkeit im Mittelalter beschränkte sich nicht auf Kirche und Klosterleben. Das Leben der Menschen in allen Bevölkerungsgruppen war von religiösen Vorstellungen tief durchdrungen. Ein Ausdruck dieser Frömmigkeit des Volkes waren die Pilgerreisen zu bestimmten Pilgerorten. Dort wurden die Gräber von Heiligen oder heilige Gegenstände verehrt. Einer der wichtigsten Pilgerorte war das Grab des heiligen Jakobus in Santiago de Compostela in Spanien. Reisen war damals mühselig und gefährlich. Dennoch wanderten jährlich Tausende auf festgelegten Routen nach Santiago. Warum die Pilger Gefahren und Strapazen auf sich nahmen, geht aus einer Anleitung für Jakobspilger aus dem 12. Jahrhundert hervor:

Q1 *„Diese Kirche (in Santiago) leuchtet durch den Ruhm der Wunder des seligen Jakobus. Denn Kranken wird darin Gesundheit geschenkt, Blinden die Sehkraft wiedergegeben. Die Zunge der Stummen wird gelöst. Tauben öffnet sich das Ohr. Lahmen wird der rechte Gang wiedergegeben. Vom Teufel Besessene werden befreit, und, was noch bedeutender ist, die Gebete der Gläubigen werden erhört und Gelübde (= Versprechungen) erfüllen sich. Trauernden wird Trost gespendet, und alle fremden Völker aus allen Gegenden der Erde strömen dort in Scharen zusammen und überbringen dem Herrn (= Gott) Geschenke des Lobes."*

(Herbers, K.: Der Jakobsweg, S. 181 f., bearbeitet)

A5 *Erschließe aus der Quelle wichtige Gründe für Pilgerfahrten nach Santiago.*

A6 *Wenn ein Pilger ungefähr 25 km pro Tag zurücklegte, wie lange wird er von Le Puy bis Santiago gebraucht haben?*

A7 *Stellt Erkundigungen an: Gibt es auch heute noch Pilgerstätten?*

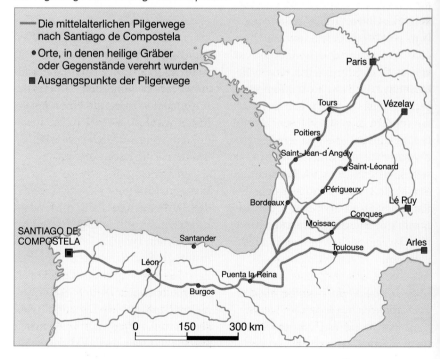

Die Pilgerwege nach Santiago de Compostela

— Die mittelalterlichen Pilgerwege nach Santiago de Compostela
● Orte, in denen heilige Gräber oder Gegenstände verehrt wurden
■ Ausgangspunkte der Pilgerwege

Paris
Tours
Vézelay
Poitiers
Saint-Jean-d'Angély
Saint-Léonard
Périgueux
Bordeaux
Lé Puy
Conques
Moissac
SANTIAGO DE COMPOSTELA
Santander
Toulouse
Arles
Léon
Puenta la Reina
Burgos

0   150   300 km

2 Die Zeit der Ritter und Burgen

2.1 Die alten Rittersleut – Krieger oder Kavaliere?

Die Abbildung stammt aus einer Handschrift, die um das Jahr 1300 von Rüdiger Manesse, einem Bürger aus Zürich, zusammengestellt wurde.

A1 *Nenne die Gegenstände, die der Ritter bei sich trägt, und beschreibe seine Kleidung.*

A2 *Vergleiche die Größe der beiden Personen und des Pferdes. Was wollte der Künstler damit ausdrücken?*

Im 15. Jahrhundert als die Glanzzeit der Ritter schon zu Ende war, schrieb ein Pfarrer aus Eisenach über die Aufgaben der Ritter:

Ritter, Darstellung um 1300

Q1 *„Zur Ritterschaft gehören sieben besondere Ehren. Zuerst das Schwert, welches durch Ritterschlag zugeteilt wird. Zweitens ein goldener Fingerring mit einem Edelstein (...). Drittens ein frommer Knappe, der den Ritter beständig bedient und ihm sein Schwert nachträgt (...). Viertens ist es sein Recht, Gold an seinem Leibe und eine goldene Spange an seinem Gewand zu tragen. Fünftens ein buntes Kleid von mehrerlei Farben. Sechstens führt er den Ehrennamen Herr, den er nicht seiner Herkunft verdankt, sondern der eigenen Tüchtigkeit. Und endlich hat er das Vorrecht, dass man nach Tische Wasser über seine Hand gieße und ihm ein Handtuch reiche. (...)*
Ein vollkommener Mann soll siebenerlei Fertigkeiten besitzen. Er soll verstehen reiten, schnell auf- und absitzen, traben und rennen, umwenden und im Reiten etwas von der Erde aufheben. Zum Zweiten soll er schwimmen und tauchen, zum Dritten schießen mit Armbrust, Büchse
und Bogen, zum Vierten klettern an Leitern, Stange und Seil, zum Fünften gut turnieren, stechen und tjostieren (Die Tjost ist der Einzelkampf Mann gegen Mann.), zum Sechsten ringen, parieren und fechten mit der linken Hand wie mit der rechten und weitspringen, zum Siebenten wohl aufwarten bei Tische, tanzen und hofieren und das Schachspiel verstehen. (...)"
(Pleticha, H.: Deutsche Geschichte, Bd. 3, S. 98 f.)

A3 *Unterhaltet euch zunächst in Kleingruppen und dann im Klassenverband darüber, warum ein Ritter die genannten Fertigkeiten erlernen musste.*

Im 8. Jahrhundert wurde zum ersten Mal von gepanzerten Reiterkriegern berichtet. Über ihre Bedeutung seit der Zeit Karls des Großen habt ihr einiges erfahren. Ihr Pferd, die Rüstung und die Waffen waren sehr teuer. Nur die adligen Vasallen des Königs, die Kriegsdienst leisten mussten, konnten sich aufgrund ihrer Einkünfte aus ihren Grundherrschaften die kostspielige Ausrüstung leisten. Wer Ritter werden wollte, musste zunächst all das lernen, was in der Quelle oben aufgezählt wurde. Die Ausbildung zum Ritter begann mit etwa sieben Jahren als Page, mit 14 Jahren konnte man der Knappe eines Ritters werden, bevor man mit 21 Jahren dann selbst den Ritterschlag erhielt.

Der Ritterschlag (Rekonstruktion)

Als die Glanzzeit der Ritter eigentlich schon vergangen war, gab es immer noch Unfreie, die statt Bauer lieber Ritter sein wollten. Dies wird in dem Buch „Meier Helmbrecht" des Autors Wernher der Gärtner beschrieben. Dort wird ein Gespräch zwischen Vater und Sohn erzählt:

Q3 „Sohn: ‚Aufs Ritterleben steht mein Sinn.'
Dem Vater war die Bitte leid.
Vater: ‚Das Rittertum – lass ab davon.
Glaub mir, die höfische Lebensart
Wird allen denen drückend hart,
Die nicht von Kind auf heimisch drin. (...)'
Sohn: ‚Lass, Vater, sein. Es muss geschehn,
So und nicht anders. Ich will sehn,
Wie höfisches Leben schmecke;
Will nie mehr deine Säcke
Mir bürden auf den Kragen,
Noch will auf deinen Wagen
Mit Mist ich mich beklecken.
Schmach müsste mich bedecken,
Wenn ich dir Klee noch mähte
Und deinen Hafer säte' (...)"

(Wernher der Gärtner: Meier Helmbrecht, S. 9 ff.)

A1 *Beschreibe die Abbildung. Wer verleiht dem Knappen das Schwert?*

Seit dem 11. Jahrhundert übten auch viele Nichtadlige den Beruf des Ritters aus. Als Ritter leisteten sie Kriegsdienst und übernahmen Verwaltungsaufgaben für die Kronvasallen. Die ursprünglich Unfreien stiegen durch den Dienst zum niederen Adel auf und bildeten den Ritterstand innerhalb der Lehnspyramide. Diese Personen nannte man Dienstmannen oder Ministeriale. Ein Mönch aus dem Kloster St. Gallen erzählte um das Jahr 1040, wie sich einige Meier (Verwalter eines grundherrschaftlichen Hofes) verhielten:

Q2 „Die Meier verschiedener Orte begannen, Schilde und Waffen zu führen. Sie lernten anders als die übrigen Dorfbewohner, die Hörner blasen. Sie züchteten Hunde, zunächst, um Hasen zu jagen, dann aber auch zur Jagd auf Bären und Eber. Die Verwalter sollen sich, so sagten sie, um die Höfe und Äcker kümmern. Wir wollen unsere Lehensgüter versorgen und jagen, wie es sich für Männer gehört."

(Franz, G.: Quellen zur Geschichte des dt. Bauernstandes im Mittelalter, Bd. 31, Nr. 53)

A2 *Sprecht darüber, warum die Meier gerne Ritter sein wollten. Was reizte sie besonders daran?*

A3 *Formuliere Argumente für die Position des Vaters und des Sohnes. Bring dabei dein bisheriges Wissen über die Ritter ein.*

A4 *Nun könnt ihr ein Rollenspiel durchführen: Diskussion zwischen Vater und Sohn.*

A5 *Versetze dich in die Lage eines Ritters und überlege, ob du gerne so gelebt hättest.*

2.2 Die adligen Frauen

Über das Leben der adligen Frauen auf den Burgen erfahren wir aus Gedichten und Liedern, die Ritter geschrieben haben. Diese Ritter wurden als Minnesänger bekannt. Das Wort Minne bedeutet so viel wie „Gedenken an etwas".

Q1 Walther von der Vogelweide, einer der bekanntesten Minnesänger, schrieb dieses Gedicht:
„*Ihr Haupt ist so wunderschön, als ob es mein Himmel sein wollte. Zwei Sterne leuchten dort herab (...) Gott hat auf ihre Wangen viel Mühe verwandt, er hat so kostbare Farbe draufgestrichen, so reines Rot, so reines Weiß (...) Ihr Hals, ihre Hände, beide Füße, das ist alles vollkommen gestaltet. (...)*"
(Brinker, C./Flühler-Kreis, D.: Die Manessische Liederhandschrift, S. 134)

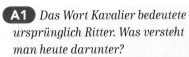

A1 *Das Wort Kavalier bedeutete ursprünglich Ritter. Was versteht man heute darunter?*

A2 *Welches Bild der adligen Frau vermitteln dir das Gedicht und die Abbildungen? Wie passt das zu dem, was du bis jetzt über höfisches Leben erfahren hast?*

Gelegentlich trafen sich Ritter zu Turnieren. Diese feierlichen Ereignisse waren für die Ritter eine Gelegenheit, ihre Kampfkunst und ihren Mut unter Beweis zu stellen und den adligen Frauen zu imponieren. Der Sieger des Turniers bekam den Preis aus der Hand der Burgherrin überreicht.

A3 *Wieso ist es für die kämpfenden Ritter wichtig, dass sich Frauen unter den Zuschauern befinden?*

Ritter beim Turnier (Anfang des 14. Jh.s)

Eine Minneszene (Anfang des 14. Jh.s)

Auf der Wartburg bei der Stadt Eisenach trafen sich Minnesänger zu einem Wettbewerb.

Bei aller Verehrung der Frauen durch Minnegesang und Turniere darf man nicht vergessen, dass der Alltag der Frauen auf einer Burg mühevoll war. Auf den Bildern und in den Gedichten der Minnesänger wurde eine „Traumfrau" dargestellt, die es in der Wirklichkeit nicht gegeben hat. Die Burgherrin war für das Kinderkriegen, die Führung des Haushalts und für Handarbeiten, wie Weben, zuständig. Aufgezogen wurden die Kinder der Adligen meist von einer Amme. Die adligen Frauen waren oft sehr gebildet und konnten meist besser lesen und schreiben als die Ritter.

Eine Rittersfrau unterweist ihre Tochter (1. Hälfte des 14. Jh.s)

EXPEDITION GESCHICHTE

Burgbesichtigung

Bei einem Besuch einer gut erhaltenen Ritterburg, aber auch einer Burgruine, könnt ihr viele Entdeckungen machen, die euch helfen, das Alltagsleben der Ritter besser zu verstehen. Wichtig ist es allerdings, genau hinzuschauen und sich Gedanken über die Bedeutung der einzelnen Bestandteile der Burg zu machen. Auch müsst ihr beachten, dass Burgen oft in späterer Zeit durch Umbauten verändert wurden. Vielleicht gibt es eine mittelalterliche Burg in der Nähe eures Schulortes, wenn nicht, könnt ihr auch mit Prospekten und den Abbildungen dieses Buches arbeiten. Also los geht's, unternehmt mit eurer Klasse eine Reise in die Zeit der Ritter und Burgfräuleins!

Nicht jede Ritterburg sah im Mittelalter gleich aus. Der Reiz liegt gerade darin, Typisches und Besonderes der Burg, die ihr euch für euer Projekt ausgewählt habt, zu erforschen.

Burg Kriebstein an der Zschopau in Sachsen

Wasserburg Heldrungen in Sachsen-Anhalt

Hier habt ihr eine „Checkliste" mit Themen, über die es sich lohnt, etwas herauszufinden.

• Das Erscheinungsbild der Burg
Steht die Burg auf einem Berg, auf einem hervorstehenden Felssporn, in einer Ebene oder auf einer Insel? Ist der Grundriss quadratisch, rechteckig oder rund? Welche einzelnen Bestandteile der Burg lassen sich unterscheiden? Gibt es eine Vorburg? Stehen nahe der Burg hohe Bäume und war das früher auch schon so?

• Wem gehörte die Burg?
Kann man Wappen, eine Inschrift im Mauerwerk oder Grabsteine entdecken, die darüber Auskunft geben?

• Wohnen auf der Burg
Welcher Teil der Burg war zum Wohnen vorgesehen? Wo ist der Rittersaal, der als Aufenthalts- und Speiseraum diente? Gibt es eine Kemenate (heizbarer Raum mit einem Kamin) und wer hielt sich dort auf? Wie bequem war das Leben auf der Burg? An welcher Stelle steht die Burgkapelle?

• Wovon lebten die Burgbewohner?
Wie lösten die Ritter das Problem, ausreichend Wasser zu haben? Sind Gebäude in oder vor der Burg zu sehen, die zur Bewirtschaftung dienten? Gibt es Kasematten (Kellergewölbe mit dicken Mauern), in denen man Vorräte lagern konnte?

• Wie verteidigte man die Burg?
Wie sieht die Ummauerung aus? Haben die Mauern Wehrgänge, Zinnen und Schießscharten? Sind neben dem Hauptturm, dem sogenannten Bergfried, noch weitere Türme vorhanden? Wie ist der Zugang zur Burg gesichert? Gibt es einen Graben, einen Wall, eine Zugbrücke, ein Fallgatter? Könnt ihr Vorrichtungen wie Pechnasen und Gusserker erkennen, die dazu dienten, auf anstürmende Feinde heißes Pech und siedendes Öl herabzugießen?

• Gibt es Besonderheiten?
Hat die Burg einen Gefängnisturm oder ein Verlies? Gibt es unterirdische Gänge, die als Fluchtweg dienten?

Diese Fragen könnt ihr als Anregung benutzen und euch in der Planungsphase, aber auch noch vor Ort weitere Fragen überlegen.

A1 *Die Ergebnisse eurer Erkundungen könnt ihr in einer kleinen Ausstellung in eurer Schule präsentieren. Es bietet sich an, Zeichnungen und Fotos auf Plakate zu kleben und zu beschriften. Einige von euch, die gerne basteln, können auch ein Modell der Burg anfertigen.*

A2 *Die Abbildung hilft dir, typische Verteidigungsanlagen zu erkennen. Wie funktionierten sie im Einzelnen?*

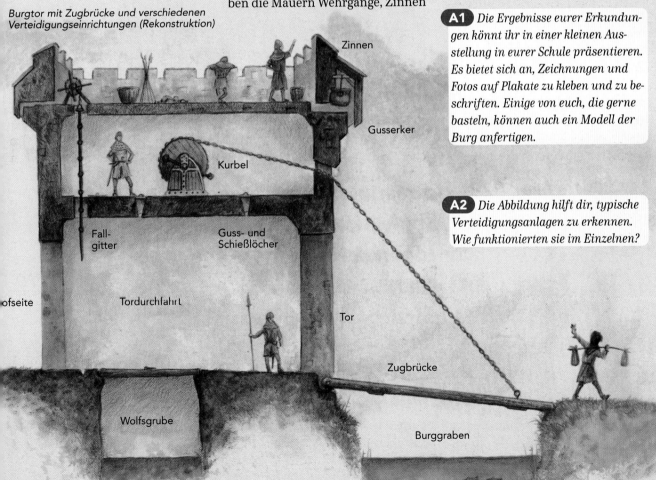

Burgtor mit Zugbrücke und verschiedenen Verteidigungseinrichtungen (Rekonstruktion)

Zinnen

Gusserker

Kurbel

Fall-gitter

Guss- und Schießlöcher

...ofseite

Tordurchfahrt

Tor

Zugbrücke

Wolfsgrube

Burggraben

3 Die Zeit der Staufer

3.1 Expedition Heiliges Grab

Am 3. Mai 1096 herrschte im Judenviertel in Speyer heller Aufruhr. Juden lebten seit römischer Zeit verstreut in verschiedenen Reichsteilen, so auch in Speyer und anderen Städten am Rhein. Eine Schar armer, zerlumpter Pilger war vor der Stadt angelangt. Doch es waren keine gewöhnlichen Pilger, die sich auf der Wallfahrt zu einem heiligen Ort befanden. Denn sie führten Waffen mit sich und wollten bis nach Jerusalem ziehen. Für einen so langen Weg reichten ihre Vorräte aber nicht aus. Weil die Juden Jesus umgebracht hätten, so erklärte ihr Anführer, wollte man ihnen wegnehmen, was man für die Reise brauchte. So setzten die Pilger die Synagoge in Brand. Einige Juden wurden umgebracht, andere zwangsweise getauft. Der Rest flüchtete sich zum Bischof, der – wie in vielen Städten – ihr Schutzherr war. Fast ohne Beute mussten die Plünderer abziehen. In Worms und Mainz, wohin sie nun zogen, schützten die Bischöfe die Juden nicht. Hier wurde fast die ganze jüdische Gemeinde ausgerottet. Was aber hatte die armen Leute veranlasst, nach Jerusalem zu ziehen und über ihre jüdischen Mitbürger herzufallen?

3.1.1 Gott will es

In der französischen Stadt Clermont fand 1095 ein Konzil (= Versammlung der höchsten Geistlichen) statt, an dem auch Papst Urban II. teilnahm. Gemeinsam mit den Bischöfen des Landes beriet er über Kirchenfragen. Zur Abschlusspredigt waren auch die Fürsten und Freien des Landes eingeladen. Boten des byzantinischen Kaisers waren zu

Urban II. in Clermont. Holzschnitt von 1482.

A1 Beschreibe die Zuhörer. Welche Personengruppen erkennst du?

ihm gekommen, erklärte der Papst. Sie berichteten, dass der Stamm der Seldschuken die Grenzen ihres Reiches und die Kirchen im Vorderen Orient bedrohte. Deshalb baten sie, Ritter zur Hilfe zu schicken, weil ansonsten das ganze Christentum bedroht wäre. Denn die Seldschuken waren Muslime. Der Papst forderte alle Ritter auf, sich zu rüsten und nach Jerusalem zu ziehen, um das heilige Grab Jesu zu befreien.

Alle Anwesenden waren von den Worten des Papstes empört und begeistert zugleich. Sie schrien „Gott will es" und nähten sich ein Kreuz auf die Brust. Damit wollten sie zei

gen, dass sie dem Aufruf des Papstes folgten. Dabei hatten sie ganz unterschiedliche Gründe: Manche zogen aus frommem Glauben. Andere wollten im Orient eine neue Herrschaft oder ein Stück Land erwerben. Auch Verbrecher zogen mit, um sich ihrer Strafe zu entziehen.

Q1 Brief Papst Urbans II. an die Christen in Flandern (1095):
„Wir glauben, dass es ein Unrecht ist, (...) die Kirche Gottes in den beklagenswerten Teilen des Orients (= Morgenland) den Muslimen preiszugeben, die sie ausplündern, insbesondere auch die heilige Stadt Christi, die durch die Leiden und die Aufer

stehung (Jesu) (...) verherrlicht worden ist. Deshalb haben wir die, die in gottgefälliger Weise mit diesem Unheil Mitleid haben, in Frankreich besucht und dort die Fürsten und Untertanen zur Befreiung der orientalischen Kirchen bewegt. Für ihre Bereitschaft dazu haben wir ihnen (...) alle ihre Sünden erlassen. (...) Wenn Gott auch unter euch welchen dieses Gelübde (= Versprechen) eingeflößt hat, so sollen sie wissen, dass (...) sie sich der Reisegesellschaft anschließen können."

(Übersetzt nach Hagenmeyer, H.: Die Kreuzzugsbriefe aus den Jahren 1088–1100, Nr. II)

A1 Äußere deine Meinung zu den vom Papst in Aussicht gestellten Belohnungen.

A2 Diskutiert das Für und Wider der Teilnahme an den Kreuzzügen.

Eine solche weite und gefährliche Reise musste gut vorbereitet werden. Pferde, Rüstungen und Waffen waren teuer. Mancher Ritter verpfändete sein Eigentum, um sich das nötige Geld zu besorgen. Der schlecht ausgerüstete Kreuzzug der Armen wurde bald von feindlichen Truppen vernichtet. Aber der größte Teil des Heeres, dem sich die Ritter aus allen Teilen Europas angeschlossen hatten, erreichte nach dreijähriger mühsamer Reise Jerusalem. Bei der Eroberung Jerusalems im Juli 1099 kannten die Kreuzfahrer keine Gnade. Sie plünderten die Häuser und fielen über die einheimische Bevölkerung her. Den Männern schlugen sie die Köpfe ab. Auch Frauen und Kinder wurden nicht verschont.

Schließlich gingen die Kreuzritter glücklich und vor Freude weinend zum Grab Jesu, um Gott für ihren Sieg zu danken.

A3 Wie stellt der Maler die Eroberung Jerusalems dar?

Die Eroberung von Jerusalem. Im oberen Teil des Bildes ist die Leidensgeschichte Jesu dargestellt. Buchmalerei aus dem 13. Jh.

3.1.2 Leben im Heiligen Land

Nach der Einnahme Jerusalems kehrten die meisten Kreuzfahrer nach Europa zurück. Nur wenige blieben in den neuen Staaten. Man nannte sie Franken, weil die Mehrzahl aus Frankreich stammte. Zum Schutz gegen die Muslime, die in den angrenzenden Ländern lebten, bauten sie Burgen.

A1 *Bestimme die einzelnen Bestandteile der Kreuzfahrerburg. Welche Aufgaben hatten sie?*

Das Land gaben die fränkischen Ritter ihren Getreuen zu Lehen. Die einheimischen Christen und die Muslime, die als Bauern in den Kreuzfahrerstaaten geblieben waren, mussten das Land für sie bebauen.

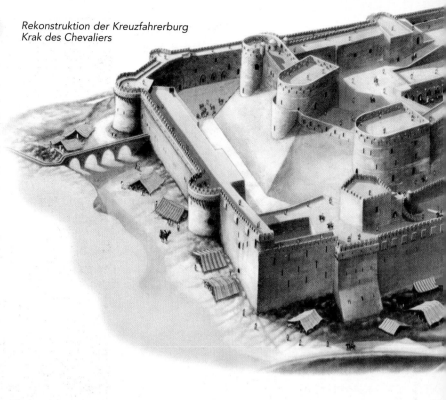

Rekonstruktion der Kreuzfahrerburg Krak des Chevaliers

Siedlerdorf von Kreuzfahrern und Muslimen aus dem 12. Jh. (Rekonstruktion)

Gartenparzellen

nach Jerusalem

Kirche

Olivenpresse im Keller

Wasserzisterne

Verwaltungsgebäude

Olivenhaine

nach Jaffa

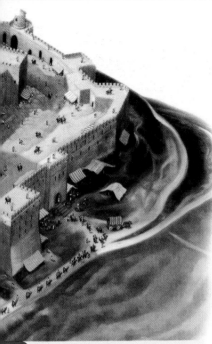

A3 Beschreibe, wie der christliche Maler Saladin darstellt.

A4 Wie behandelt Saladin nach dieser Darstellung seine Gegner?

Saladin und König Guido von Jerusalem nach der Schlacht von Hattin (Malerei aus dem 15. Jh.)

Q2 Ibn Jubair, ein muslimischer Reisender, berichtet:

„(Ich kam) auf eine Straße, an der aufgereiht von Moslems bewohnte Bauernhöfe liegen, deren Wohlstand unter der Frankenherrschaft unverkennbar ist (…). Sie müssen die Hälfte ihrer Erträge zur Erntezeit abliefern und eine (geringe) Kopfsteuer (…) zahlen. Die Christen verlangen darüber hinaus nur noch eine geringe Fruchtsteuer (…). Doch die Moslems sind in ihren Wohnstätten ihre eigenen Herren und können tun, was ihnen beliebt."

(Prawer, J.: Die Welt der Kreuzfahrer, S. 56)

A1 Wie schätzt Ibn Jubair das Leben der Muslime in den Kreuzfahrerstaaten ein?

A2 Beschreibe mithilfe der Bilder das Zusammenleben der Franken und Muslime.

Bedrohlich wurde die Situation für die Franken, als die Muslime in Sultan Saladin einen neuen Anführer erhielten. Er vereinte die seit langem zerstrittenen islamischen Staaten unter seiner Herrschaft. Bei Hattin brachte er 1187 den Franken eine vernichtende Niederlage bei und eroberte Jerusalem zurück.

Trotz der hoffnungslosen Lage wirkte die Kreuzzugsidee fort. Immer wieder zogen Heere ins Heilige Land. Und nicht nur Ritter machten sich auf den Weg.

Q3 Ein Geschichtsschreiber berichtet zum Jahr 1212:

„Zur selben Zeit unternahmen Kinder und törichte Leute eine alberne Heerfahrt. Sie nahmen ohne eigene Überlegung das Zeichen des Kreuzes an, mehr aus Abenteuerlust als ihres Heils wegen. Kinder beiderlei Geschlechts, (…) nicht nur kleinere, sondern auch Erwachsene, Verheiratete und Jungfrauen zogen mit leerem Geldsack durch ganz Deutschland und durch Teile von Frankreich und Burgund. Von Eltern und Freunden

ließen sie sich in keiner Weise abhalten. (…) Da aber kein Unternehmen, das unvernünftig und unüberlegt begonnen wird, gut endet, verbreitete und zerstreute sich diese törichte Menge, als sie in Italien angekommen war, und viele davon wurden von den Bewohnern des Landes als Knechte und Mägde zurückbehalten. Andere sollen ans Meer gekommen sein, wo sie von den Schiffern und Seeleuten getäuscht und (als Sklaven) in entfernte Länder gebracht wurden. (…) Und die vorher in Scharen (…) durch die Lande gezogen waren, kehrten jetzt einzeln und im Stillen, barfuß und hungernd zurück und wurden zum Gespött aller."

(Lautemann, W./Schlenke, M. [Hg.]: Geschichte in Quellen, Bd. 2, S. 372)

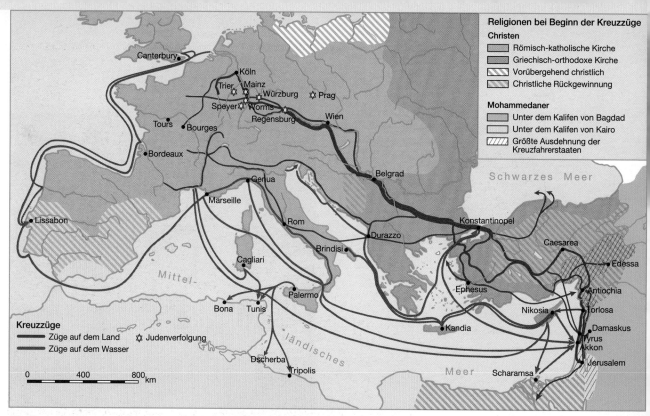

Die Kreuzzüge

Religionen bei Beginn der Kreuzzüge

Christen
- Römisch-katholische Kirche
- Griechisch-orthodoxe Kirche
- Vorübergehend christlich
- Christliche Rückgewinnung

Mohammedaner
- Unter dem Kalifen von Bagdad
- Unter dem Kalifen von Kairo
- Größte Ausdehnung der Kreuzfahrerstaaten

Kreuzzüge
- Züge auf dem Land
- Züge auf dem Wasser
- ☆ Judenverfolgung

A1 *Stell dir vor: Eine Gruppe von kindlichen Kreuzfahrern hat sich vor den Toren der Stadt gelagert. Würdest du mitziehen? Du triffst Bekannte. Wie sehen sie die Sache? Überlegt, welches Gepräch sich ergeben haben könnte. Spielt es der Klasse vor.*

Zwar konnten die Franken die Küstenstädte noch längere Zeit behaupten, doch im Jahre 1291 wurden die Kreuzritter dann endgültig aus dem Heiligen Land vertrieben.

3.1.3 Auswirkungen der Kreuzzugsbewegung

Die ersten Kreuzfahrer waren ins Heilige Land gezogen, um die Stätten der Christenheit zu befreien. 200 Jahre später waren diese wieder im Besitz der Muslime. Ganze Adelshäuser Europas waren ausgestorben, weil ihre Söhne auf den Kreuzzügen gestorben waren.

Q4 Der Mönch Humbert von Romans dachte um 1270 über den Sinn der Kreuzzüge nach:

„Manche fragen, was der Wert dieses Angriffs auf die Sarazenen (hier = Muslime) ist. Denn sie werden dadurch nicht zur Bekehrung erweckt, sondern eher gegen den christlichen Glauben herausgefordert. Überdies: Wenn wir siegen und sie töten, schicken wir sie zur Hölle, was gegen das Gesetz der Liebe zu verstoßen scheint. Außerdem: Wenn wir ihre Länder erobern, besiedeln wir diese nicht als Siedler, weil unsere Landsleute sich in diesen Gegenden nicht aufhalten wollen. Und daher scheint es bei dieser Art des Kampfes keinen geistlichen, sinnlichen oder weltlichen Nutzen zu geben."

(Borries, Bodo v.: Massenmord - Heldentat - Erlösungswerk?; in: Geschichte lernen 7/1989; S. 44 f.)

A2 *Vergleiche Humberts Aussagen mit den ursprünglichen Gründen der Kreuzfahrer.*

A3 *Was berichtet er über das Leben im Heiligen Land? Was hast du darüber erfahren?*

In 200 Jahren hatten die Kreuzfahrer die Muslime besser kennen gelernt. Und manches haben sie von ihnen übernommen: z. B. den Burgenbau und neue Techniken der Textilproduktion. Auch manche Wörter unserer Sprache haben arabische Wurzeln:

Taft, Mohair, Damast	=
Orange, Spinat, Artischocke	=
Kümmel, Zimt, Muskat	=
Kittel, Mütze, Jacke	=

A4 *Übertrage die Begriffe in dein Heft und suche zu jeder Reihe einen passenden Oberbegriff.*

Solche Waren wurden vor allem von italienischen Kaufleuten aus Venedig, Pisa und Genua nach Europa gebracht. In den Küstenstädten der Kreuzfahrerstaaten hatten sie Stützpunkte gegründet und trieben von dort aus Handel mit den Muslimen. Weil diese Dinge in Europa selten und deshalb teuer waren, wurden die Handelsstädte reich und mächtig.

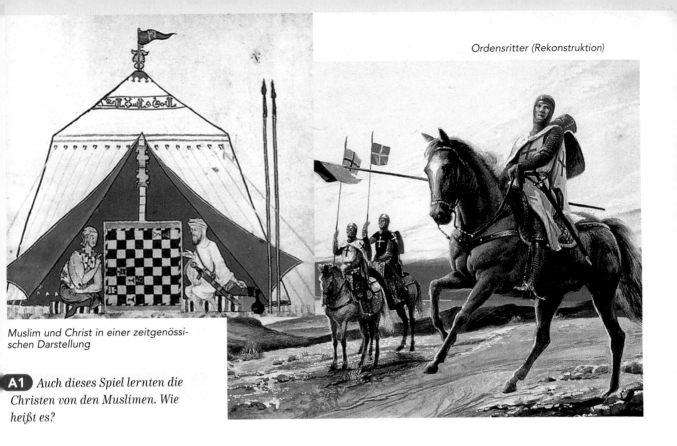

Ordensritter (Rekonstruktion)

Muslim und Christ in einer zeitgenössischen Darstellung

A1 Auch dieses Spiel lernten die Christen von den Muslimen. Wie heißt es?

Ordensritter bei einer ihrer Aufgaben (zeitgenössische Darstellung)

Vielleicht kennst du die Orden der Johanniter und Malteser. Als Erster aber war 1122 der Ritterorden der Tempelherren entstanden. Sie waren Ritter, die als Gemeinschaft nach festen Regeln lebten. Sie waren also Ritter und Mönche zugleich. Auch in Europa besaßen sie Niederlassungen. Durch Spenden wurden sie sehr reich. So konnten die Ordensburgen im Heiligen Land mit allem Notwendigen versorgt werden, damit sie ihre Aufgaben erfüllen konnten. Auch der Deutsche Orden, der später im Osten einen eigenen Staat gründete, wurde während der Kreuzzüge gegründet.

A2 Erläutere anhand der Bilder rechts, welche Aufgaben die Orden wahrnahmen.

3.2 Neue Ordnung im Deutschen Reich

3.2.1 Könige als Spielbälle der Fürsten ...

Im Streit um die Einsetzung der Bischöfe (Investiturstreit) hatte sich der Papst gegen den Kaiser durchgesetzt. Mit dem Wormser Konkordat hatte sich auch die Lage der deutschen Könige verändert. Das zeigte sich bereits, als 1125 ein neuer König gewählt werden musste.

Q1 Über die Wahl Lothars III. berichtet ein unbekannter Mönch:
„Von allen Seiten versammelten sich die Fürsten (...), und das so zahlreich, wie sich bis zu unserer Zeit noch niemals ein Reichstag versammelt hat. Denn herbeigeführt hatte sie nicht der Befehl des Kaisers wie sonst, sondern die gemeinsame Pflicht ihrer höchsten Aufgabe (...). Dann schlugen sie aus (...) Bayern, Schwaben, Franken und Sachsen je zehn umsichtige Fürsten vor, die eine Vorwahl vornehmen sollten, der beizustimmen alle Übrigen versprachen. Auf einmal riefen (in der Beratung) viele weltliche Herren: ‚Lothar soll König sein.‘ Viele Fürsten, vor allem die bayerischen Bischöfe, ärgerte das aber (...). Von Gott erleuchtet nahm der (Bischof v. Mainz) die Bischöfe beiseite (und) machte sie für die mögliche Spaltung verantwortlich (...). Nun einte die Gnade des Heiligen Geistes den Sinn aller Wähler in gemeinsamem Geist und König Lothar (...) wurde durch allgemeine Übereinstimmung (...) zur Königswürde erhoben.
Dann strömten von allen Seiten die Fürsten des Reiches zusammen, bestätigten den König sowohl durch Vasalleneid wie durch Huldigung, und (...) empfingen vom König, was zu geben dem König Recht war.“

(Pollmann, B.: Lesebuch zur Deutschen Geschichte, Bd. 1, S. 250–254)

A1 Nenne anhand des Berichtes die „höchste Aufgabe“ der Reichsfürsten?

A2 Versuche dich als Reporter, der einen Zeitungsartikel über die Geschehnisse auf dem Reichstag anfertigt. Dabei kommt es darauf an, das Neue herauszustellen. Dazu müssen Reporter oftmals nachlesen. Ganz wichtig ist auch, welche Überschrift man wählt.

3.2.2 ... oder als Steigbügelhalter des Papstes?

Das Bild zeigt dir einen Ausschnitt aus der „Sylvesterlegende“. Diese schildert, wie um 330 Kaiser Konstantin dem Papst Sylvester beim Aufsteigen auf sein Pferd den Steigbügel gehalten und dessen Pferd am Zügel geführt hat. Vorher soll Sylvester ihn getauft und von Krankheit geheilt haben.

Immer wieder wurde im Mittelalter an diese Legende erinnert. Auch Lothar III. hatte das Pferd des Papstes geführt, als er ihm gegen seine Feinde geholfen hatte und dafür vom Papst zum Kaiser gekrönt worden war. 1133 wurde im päpstlichen Palast ein ganz ähnliches Bild angefertigt.

A3 Was sagt das Bild über das Verhältnis zwischen Papst und Kaiser aus?

A4 Warum wohl sollte der König an die Sylvesterlegende erinnert werden?

Kaiser Konstantin und Papst Sylvester. Kirchengemälde von 1246.

3.2.3 Ministerialen verwalten das Land

Als Nachfolger Lothars III. wurde der Staufer Konrad III. gewählt. Er stand vor demselben Problem wie sein Vorgänger. Es genügte nicht mehr, Herzöge und Grafen einzusetzen, damit sie in seinem Auftrag Recht sprechen sollten. Im Laufe der Zeit waren die Adelsfamilien reich und mächtig geworden. Zudem wurden das Herzogs- und Grafenamt oft nicht mehr durch den König vergeben. Vielmehr vererbte es sich innerhalb einer Familie.

A1 *Welche Familie besaß den größten Machtbereich?*

Die Könige mussten neue Wege finden, um ihre Herrschaft durchzusetzen. Dabei konnte Konrad III. auf das Vorbild seiner Familie zurückgreifen. Als mit großem Landbesitz ausgestattete Familie betrieben die Staufer seit langem eine erfolgreiche Politik:

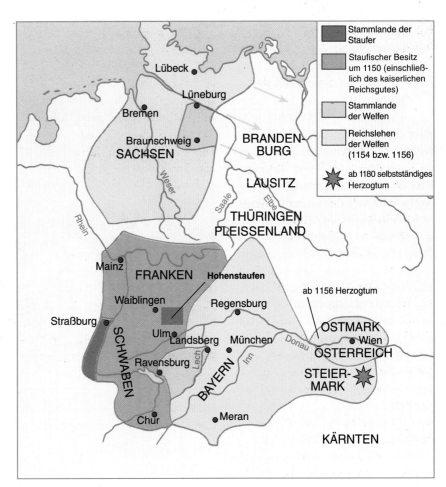

Besitz der Staufer und Welfen im 12. Jh.

Legende:
- Stammlande der Staufer
- Staufischer Besitz um 1150 (einschließlich des kaiserlichen Reichsgutes)
- Stammlande der Welfen
- Reichslehen der Welfen (1154 bzw. 1156)
- ab 1180 selbstständiges Herzogtum

Q2 Über Konrads Bruder, Herzog Friedrich von Schwaben, schreibt ein Chronist:

„Nachdem er den Rhein überschritten (hatte), beugte er allmählich das ganze Gebiet von Basel bis Mainz (...) unter seinen Willen. Denn immer den Rhein hinabziehend errichtete er bald an einem geeigneten Platz eine Burg und unterwarf die Umgebung, bald verließ er die bisherige Burg und errichtete eine neue, sodass man sprichwörtlich sagte: ,Herzog Friedrich schleppt am Schwanz seines Pferdes stets eine Burg hinter sich her.'"

(Schmale, F.-J. [Hg.]: Die Taten Friedrichs oder richtiger Cronica, S. 153)

A2 *Erkläre das Sprichwort.*

Auf ihren zahlreichen Burgen setzten die Staufer unfreie Dienstleute ein, die das Land überwachen sollten. Damit diese Ministerialen (Ministerium = Dienst) ihrer Verwaltungsaufgabe nachkommen konnten, übertrugen die Staufer ihnen ein Dienstgut. Auf diesem konnten sie unfreie Bauern für sich arbeiten lassen. So waren sie gut versorgt und ihrem Herrn treu ergeben. Denn der konnte sie absetzen, falls sie seine Anweisungen missachteten. Das Beispiel machte Schule. Schon bald „hielten" sich weltliche wie geistliche Herren Ministerialen.

3.2.4 Reichslandpolitik: Ministerialen im Dienst des Königs

Als Könige mussten die Staufer neben ihrem Hausgut auch das Reichs- oder Königsland verwalten. Solche Ländereien dienten dazu, den König und seinen Hof bei der Reise durch das Land zu bewirten. Weil die Könige nach dem Investiturstreit nicht mehr so häufig bei den Bischöfen einkehren konnten, mussten sie dieses Land besser ausnutzen.

A3 *Betrachte die Karte. Beschreibe: Wo hatten die Staufer Besitz?*

Zwischen Saale und Elbe befanden sich am Flusslauf der Pleiße noch große königliche Waldgebiete, die nicht an Adelige ausgegeben worden waren. Der König ließ das Land roden und für sich in Besitz nehmen. So entstand ein geschlossenes Reichsland: das Pleißenland.

Überall ließ der König Burgen bauen und besetzte sie mit Reichsministerialen. Von Altenburg aus verwaltete ein Landrichter das Pleißenland. Auch er war ein Reichsministeriale und erhielt sein Amt nur für eine begrenzte Zeit. Er sollte anstelle des Königs Recht sprechen und Frieden bewahren. Allmählich wurden die Ministerialen durch Kauf und Erbschaften reicher und mächtiger, manche wurden schließlich in Urkunden als „freie Herren" bezeichnet.

Darstellung einer spätmittelalterlichen Jagdszene

A1 Was bedeutet es, wenn Ministeriale als „freie Herren" bezeichnet werden?

A2 Überlege, ob der König sich auf die Ministerialen als Verwalter seines Landes verlassen konnte.

A3 Beschreibe die auf dem Bild oben dargestellten Personen und ihre Aufgaben bei der Jagd.

A4 Überlege: Warum war die Jagd eine Beschäftigung für „freie Herren"?

3.2.5 Das Lehnswesen bestimmt das Leben

Entstanden ist das Lehnswesen im 8. Jahrhundert in Frankreich. Doch seit dem Investiturstreit hatte sich einiges geändert. Die Bischöfe und Äbte konnten nun nicht mehr als Reichsbeamte in Dienst genommen werden. Wie die weltlichen Fürsten erhielten sie ihre Amtsgewalt jetzt als Lehen. Solange sie sich nichts zu Schulden kommen ließen, konnte

Gesellschaft im 12./13. Jh.

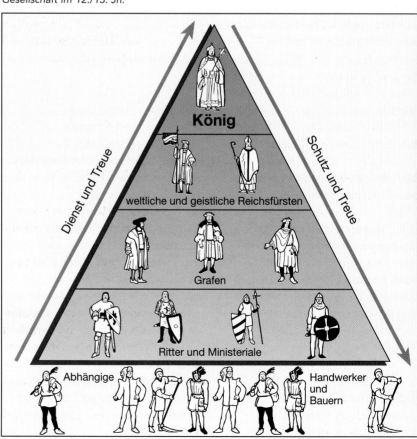

der König ihnen dieses nicht entziehen.

Nur wer unmittelbar vom König belehnt wurde, galt nun als Reichsfürst. Dazu gehörten weltliche wie geistliche Herren. Sie konnten ihrerseits wieder Lehen an Freie vergeben. Infolge ihrer Rangerhöhung konnten auch Ministeriale Lehen erwerben. Sie wurden frei und bildeten den niederen Adel. Am Ende des 12. Jahrhunderts regelte das Lehnswesen alle Beziehungen zwischen den Freien. Wer von wem Lehen empfangen konnte, war genau festgelegt.

A1 *Erläutere das Schema auf S. 22. Wo ist in dem Schema der neu entstandene „niedere Adel" zu finden?*

Ausgenommen waren neben den einfachen Mönchen und Nonnen auch die Bauern. Das waren ungefähr 90% der Bevölkerung. Sie konnten kein Lehen empfangen. Sie arbeiteten auf den Grundherrschaften der Lehnsmänner.

Das Barbarossa-Denkmal auf dem Kyffhäuser in Thüringen

3.3 Gute, alte Stauferzeit?

3.3.1 Ein Kaiser wartet auf bessere Zeiten

Q1 Als das Deutsche Reich von französischen Truppen erobert worden war, erinnerte 1814 ein Gedicht an die staufischen Könige:
„Der alte Barbarossa,
der Kaiser Friederich.
Im unterird'schen Schlosse
Hält er verzaubert sich.
Er ist niemals gestorben,
Er lebt darin noch jetzt.
Er hat im Schloss verborgen
Zum Schlaf sich hingesetzt.
Er hat hinabgenommen

Des Reiches Herrlichkeit
Und wird wiederkommen
Mit ihr, zu seiner Zeit."
(Rückert, F.: Staufensage. Zit. nach: Fischer-Fabian, S.: Die dt. Cäsaren im Bild, S. 238)

A2 *Glaubte der Dichter wohl wirklich, Kaiser Friedrich würde Deutschland befreien?*
A3 *Welche Hoffnung wird hier zum Ausdruck gebracht?*

Die Sage von einem Kaiser, der einst das Reich wieder aufrichten wird, ist schon zur Zeit der Staufer entstanden. Die Stauferzeit hatte man also immer schon in guter Erinnerung. In den folgenden Abschnitten kannst du dich selbst über diese Zeit informieren.

3.3.2 Friedrich Barbarossa – ein Verlegenheitskandidat?

So klar war die Sache für die Staufer zunächst jedoch nicht. Zwar hatte Konrad III. vor seinem Tod seinen Neffen Friedrich von Schwaben zum Nachfolger bestimmt. Doch da hatten die Fürsten noch ein gewichtiges Wort mitzureden. Du weißt schon warum: In Deutschland wurde das Königtum nicht vererbt, sondern der neue König wurde gewählt. Dass die Fürsten dennoch für Friedrich stimmten, hatte einen besonderen Grund.

Q2 Friedrichs Onkel, Bischof Otto von Freising, berichtet über die Wahl von 1152:

„Es gab im Römischen Reich (...) bisher zwei berühmte Familien; die eine war die der Heinriche von Waiblingen (= Staufer), die andere die der Welfen (...). Wie es unter bedeutenden und ruhmgierigen Männern zu gehen pflegt, wetteiferten sie häufig miteinander und hatten schon oft die Ruhe des Reiches gestört (...). So zogen also die Fürsten nicht nur die Tatkraft und Tüchtigkeit des oft genannten jungen Fürsten (Friedrich) in Betracht, sondern auch, dass er, der beiden Familien angehörte, (...) die Feindschaft dieser beiden Häuser überwinden könnte. Deshalb beschlossen sie, ihn zum Oberhaupt des Reiches einzusetzen."

(Schmale, F.-J. [Hg.]: Die Taten Friedrichs oder richtiger Cronica, S. 284 f.)

A1 *Nenne die beiden Gründe, warum nach Ottos Ansicht die Fürsten Friedrich zum König wählten!*

3.3.3 König von Italien

Als König des Deutschen Reiches war Friedrich I. zugleich König von Oberitalien. Im Investiturstreit waren vor allem die Städte dort mächtig geworden und wollten sich von der Herrschaft des Königs befreien. Deshalb hielt Friedrich im Sommer 1158 einen Reichstag in Roncaglia ab.

Q3 Der Geschichtsschreiber Rahewin berichtet darüber (1158):
„Er stellte eine sorgfältige Untersuchung über die Reichsrechte und die Regalien (= Königsrechte) an, die dem Reiche schon seit langem teils durch freche Übergriffe, teils durch die Lässigkeit der Könige verloren gegangen waren. Weil die Bischöfe, die Großen und die Städte keine Entschuldigungsgründe vorweisen konnten, gaben sie einstimmig die Regalien in die Hand des Königs zurück. (...). Auf die Frage, was zu diesen Rechten gehört, sprachen sie ihm zu: Herzogtümer, Markgrafschaften, Grafschaften, (...), Münzrechte, Zollrechte, (...), Steuern, Häfen, (...), Mühlen, Fischrechte, Brücken und alle Nutzung der Flussläufe. (...) Von denen, die sich die Regalien zu Unrecht angemaßt hatten, flossen (nun) jährlich ungefähr 30 000 Pfund in die Staatskasse."

(Gesta friderici: Ausgewählte Quellen zur dt. Geschichte im MA. Bd. 17, S. 521/23)

GEWUSST WIE!

Ahnentafeln entschlüsseln

Um Ottos Aussage zu überprüfen, muss man die familiären Beziehungen klären. In der Geschichtswissenschaft übernimmt diese Aufgabe die Genealogie (lateinisch gens = Familie), die ihre Befunde in übersichtlichen Tafeln darstellt.

Unsere Tafel zeigt die Nachkommenschaft der Welfen und Staufer nur zum Teil, weil die Seite zu schmal wäre, um alle Namen zu erfassen. Die Verwandtschaft beider Familien erkennt man daran, dass sich ihre Linien verbinden. Willst du wissen, welcher Familie Friedrich I. angehörte, suche seinen Namen. Du findest ihn fast in der Mitte. Liest du nach oben, erkennst du: Sein Vater war Staufer, seine Mutter eine Welfin.

A2 *Nun suche Heinrich den Löwen. In welchem Verhältnis stand sein Vater zu Judith, der Mutter Friedrichs I.? Also war Friedrich I. Heinrichs ...*

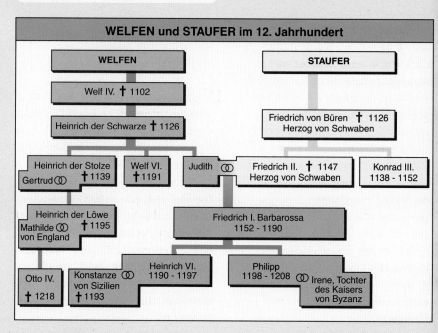

WELFEN und STAUFER im 12. Jahrhundert

A1 *Erläutere: Was sind die königlichen Rechte (Regalien)?*

A2 *Warum ließ Friedrich I. wohl so genau feststellen, welche Rechte ihm als König in Italien zustanden? Weshalb führte er immer wieder Kriege gegen die italienischen Städte?*

3.3.4 Ein Herzog wie ein Löwe

Heinrich der Löwe, aus der Familie der Welfen, erlangte mit Unterstützung seines Vetters, des Kaisers Friedrich I., große Macht. Doch das brachte ihm nicht nur Freunde ein:

Q4 Helmold von Bosau beschreibt um 1170 die Stellung Heinrichs des Löwen in Sachsen:
„Nun wuchs die Macht des Herzogs höher als die aller seiner Vorgänger. Er wurde Fürst der Fürsten des Landes und beugte den Nacken der Aufrührer. Er brach ihre Burgen, vertilgte die Wegelagerer, machte Frieden im Lande, erbaute die stärksten Burgen und hatte ungeheures Eigengut (...). Weil aber der Ruhm den Neid erzeugt und im Menschenleben nichts von Dauer ist, so sahen alle Fürsten Sachsens scheel auf den Ruhm eines solchen Mannes. Denn Heinrich stand bei seinem ungeheuren Reichtum und seinen glänzenden Siegen wegen der doppelten Herzogswürde in Bayern und Sachsen so hoch in seinem Ansehen, dass es allen Fürsten und Edlen in Sachsen unerträglich schien. Doch die Furcht vor dem Kaiser band den Fürsten die Hände, dass sie ihre geplanten Umtriebe nicht ins Werk setzten."
(Helmold von Bosau: Slawenchronik: S. 357/59)

A3 *Was sagt Helmold über die Stellung Heinrichs in Sachsen?*

A4 *Wie stehen die sächsischen Grafen und Adeligen zu ihrem Herzog?*

Was ist ein Siegel?

Das Siegel Heinrichs des Löwen

Siegelstempel

Siegelwachs

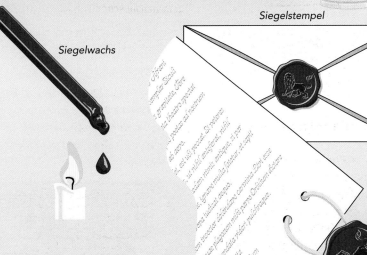

Hier siehst du ein Siegel. Damit wurden wichtige Urkunden bestätigt und Briefe verschlossen. Entweder wurde das Pergament kreuzförmig durchschnitten und an dieser Stelle ein flüssiger Wachsklumpen befestigt, in den mit dem Siegelstempel das Siegelbild gedrückt wurde; oder das Siegel wurde mit einer kurzen Kordel an der Urkunde befestigt. Weil es jedes Siegelbild nur einmal gab, konnte es eine Unterschrift ersetzen und diente zugleich als Absender.

A5 *Woran erkennt man, dass das Siegel Heinrich dem Löwen gehörte?*

A6 *Was wollte Heinrich mit seinem Siegelbild wohl zum Ausdruck bringen?*

A7 *Zeichne ein Siegel, so wie du es gerne führen würdest.*

Schließlich klagten die sächsischen Adeligen den Herzog doch beim Kaiser an. Dieser lud Heinrich den Löwen vor einen Reichstag. Weil er dort nicht erschien, verfiel er der Acht. Das heißt, er war nun völlig rechtlos und durfte von jedem getötet werden. Als er auch der Vorladung zu einem weiteren Reichstag nicht folgte, wurden ihm auf gemeinsamen Beschluss der Fürsten seine Herzogtümer entzogen. Heinrich selbst wurde für drei Jahre nach England verbannt.

Weshalb hatte der Kaiser seinen Vetter fallen gelassen? Als Barbarossa 1176 einen seiner vielen Kriegszüge gegen die italienischen Städte führte, hatte er Heinrich dringend um neue Ritter gebeten. Heinrich aber hatte den Kaiser im Stich gelassen. Im 19. Jahrhundert hat ein Maler versucht, die Begegnung Friedrichs I. mit Heinrich dem Löwen nachzumalen.

Herzog Heinrich hatte sich dem Kaiser gegenüber als zu mächtig erwiesen. Deshalb nutzte der Kaiser die Gelegenheit nicht nur, um mit der Zustimmung der Fürsten einen Gegner auszuschalten, sondern für eine grundlegende Neuordnung.

Friedrich machte die von den Herzögen verwalteten Gebiete kleiner und beschnitt so ihre Macht. Damit war der Grund dafür gelegt, dass in Zukunft kein Herzog mehr so mächtig werden konnte wie der König.

3.3.5 Der Anfang vom Ende

Zum Tod Friedrichs I., den ein Künstler um 1200 im Bild festgehalten hat, schreibt ein Kölner Chronist zur selben Zeit:

A1 *Beschreibe das Bild. Versuche herauszufinden, wer Barbarossa und wer Heinrich der Löwe ist.*

A2 *Erkläre, warum Friedrich dem Drängen der sächsischen Adligen schließlich nachgegeben hat.*

Q5 *„An dieser Stelle (…) erlahmt unser Stift und verstummt unsere Rede; unfähig (sind wir) die Trauer (…) zu schildern."*
(Krieger, H.: Handbuch des Geschichtsunterrichts, Bd. 3, S. 202)

Friedrich I. auf dem Kreuzzug 1189/90

Friedrich I. und Heinrich der Löwe. Gemälde aus dem 19. Jh.

27

A1 *Bring du das Bild zum Spre-chen: Was ist geschehen?*

A2 *Warum war der Chronist wohl so bestürzt?*

Zunächst erwies sich die übergroße Trauer des Chronisten als unbe-gründet. Friedrichs Sohn, Heinrich VI., setzte das Werk seines Vaters fort und konnte die Macht der Staufer sogar noch ausdehnen. Doch darü-ber geriet er mit dem Papst in Kon-flikt.

A3 *Betrachte die Karte und erkläre, wie Heinrich VI. seine Macht aus-dehnte und den Papst in Bedrängnis brachte.*

Italien in der Stauferzeit

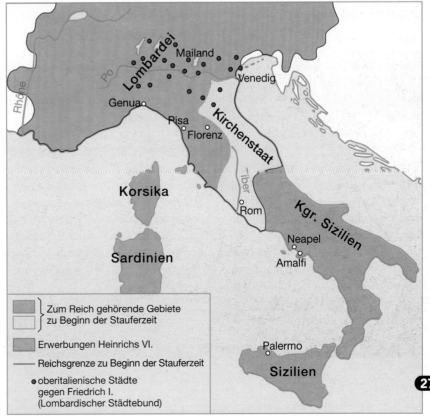

Zum Reich gehörende Gebiete
zu Beginn der Stauferzeit

Erwerbungen Heinrichs VI.

—— Reichsgrenze zu Beginn der Stauferzeit

• oberitalienische Städte
gegen Friedrich I.
(Lombardischer Städtebund)

3.3.6 Der Papst als Schieds-richter

Aber auf dem Höhepunkt seiner Macht starb Heinrich VI. an Malaria. Als einzigen Erben hinterließ er seinen dreijährigen Sohn Friedrich II. Wer sollte nun König sein? Der alte Streit zwischen Welfen und Staufern brach wieder aus. Da schaltete sich Papst Innozenz III. (1198–1216) ein:

Q6 Innozenz III. zur deutschen Königswahl (1202):
„Die Fürsten müssen anerkennen, (...) dass Uns das Recht und die Vollmacht zukommt, denjenigen, der zum König gewählt und zum Kaiser zu erheben ist, zu prüfen, weil wir ihn salben, weihen und krönen. (...) Wenn die Fürsten nicht nur in zwiespältiger Wahl, sondern sogar einmütig einen Gottlosen oder Exkommunizierten (jemand, der aus der Kirche ausgeschlossen ist), einen Tyrannen oder Narren, einen Ketzer oder Heiden zum König wählen, müssten wir dann etwa einen solchen Mann salben, weihen und krönen? Das darf niemals sein.“
(Miethke, J./Bühler, A.: Kaiser und Papst im Konflikt, S. 92)

A1 *Erzbischof Adolf von Köln war ein erbitterter Gegner des päpstlichen Machtanspruchs. Er hat aber keine Antwort verfasst. Schreib du an seiner Stelle einen Antwortbrief.*

Philipp von Schwaben trat die Nachfolge seines Bruders Heinrich VI. an, da Friedrich II. noch ein Kind war und der Sohn Heinrichs des Löwen, Otto IV., den Thron beanspruchte. Doch der Papst wollte nicht noch einmal in die Gewalt der Staufer geraten. Während er in Sizilien den kleinen Friedrich II. zum König krönen ließ, unterstützte er deshalb im Reich die Welfen. Die Fürsten konnten sich nicht entscheiden. So ent-

brannte ein langer Fürstenkrieg, in dem Philipp ermordet wurde. Erst als Friedrich II. volljährig geworden war, konnte die staufische Partei sich durchsetzen. Mit Zustimmung des Papstes wurde er 1212 zum König gewählt. Dem Papst musste er versprechen, das Deutsche Reich nicht wieder mit Sizilien zu vereinen.

A2 *Erkläre mithilfe der Karte auf S. 27 die Strategie des Papstes.*

3.3.7 Friedrich II.: Das Kind von Apulien

Doch Friedrich II. war ganz Kind seiner Heimat Apulien in Süditalien. Nachdem er in Deutschland die Wahl seines neunjährigen Sohnes Heinrich (VII.) durchgesetzt hatte und er selbst 1220 zum Kaiser gekrönt worden war, kehrte er dorthin zurück. Er begann seine Herrschaft in Sizilien auszubauen. Ein moderner, vorbildlich verwalteter Staat sollte entstehen. Friedrich II. setzte Beamte ein und besoldete sie. In Neapel gründete er eine Universität. Dort ließ er auch seine Beamten für ihre Tätigkeit in der Verwaltung ausbilden.

1231 gab es in Sizilien das erste staatliche Gesetzbuch. So sollte die Rechtsprechung vereinheitlicht werden. Mit einer gut ausgerüsteten Flotte und einem Heer sicherte Friedrich II. seine Macht. Das für die Bezahlung der Beamten und Soldaten notwendige Geld erhielt er aus Zoll- und Steuereinnahmen.

Auch Gewinne aus dem Handel gingen an den König und füllten die Staatskasse. Ein Rechnungshof be-

Castel del Monte in Süditalien, 1240 von Friedrich II. errichtet

stimmte, wie viel landwirtschaftliche Erzeugnisse kosten sollten, und überwachte die Ein- und Ausfuhr.

Friedrichs II. Politik gegenüber den Reichsfürsten veranschaulicht sein „Gesetz für die Fürsten“ (1232):

Q7 *„Unser erhabener Kaiserthron wird erhöht (...) wenn wir mit gebührender Umsicht auf die Rechte Unserer Fürsten und Großen achten. Denn wie Unser Kaisertum durch sie Kraft und Stärke erhält (...), so fördert es diejenigen, von deren Schultern es gestützt und getragen wird.*
6. Es soll jeder Fürst freien Gebrauch seiner Freiheiten, Gerichtsbefugnisse, Grafschaften und Zehnten nach den anerkannten Gewohnheitsrechten seiner Lande unangefochten besitzen.
13. Es sollen den Fürsten, Edlen, Ministerialen und Kirchen Eigengüter und Lehen, die von unseren

Friedrich II. war nicht nur ein erfolgreicher Politiker. An seinem Hof lebten Künstler, Gelehrte und Wissenschaftler aus verschiedenen Ländern. Er interessierte sich für viele Dinge seiner Umwelt. So schrieb er sogar ein Buch über seine liebste Freizeitbeschäftigung. Lange Zeit hatte er dazu aufmerksam und sorgfältig Studien betrieben.

A3 *Finde anhand der Abbildung unten das Hobby des Kaisers heraus.*

Der König konnte beruhigt nach Süditalien zurückkehren. Doch da geriet er mit dem Papst in Konflikt. Weil er einen Kreuzzug mehrfach aufgeschoben hatte, wurde der Kaiser 1237 vom Papst gebannt. Die deutschen Fürsten waren nun nicht mehr an ihre Eide gebunden und wählten Gegenkönige. Während der Vorbereitungen eines Kriegszugs gegen den Papst starb Friedrich II. 1250.

Städten in Besitz genommen wurden, zurückerstattet werden.
17. Ferner werden wir in dem Land eines Fürsten keine neue Münze schlagen lassen, wodurch die Münze dieses Fürsten geschädigt würde."

(Ausgewählte Quellen zur deutschen Geschichte des Mittelalters, Bd. 32, S. 435)

A2 *Vergleiche die Maßnahmen, die Friedrich II. in Sizilien durchsetzte, mit seiner Politik gegenüber den Reichsfürsten. Welche sind deiner Meinung nach wirkungsvoller? Begründe deine Einschätzung.*

A4 *Prüfe, ob aus deiner Sicht die Stauferzeit eine gute, alte Zeit war.*

A1 *Wer gewinnt durch diese Bestimmungen an Rechten und Macht? Begründe deine Einschätzung an einzelnen Bestimmungen.*

Die Fürsten im deutschen Reich wollte Friedrich II. durch dieses Gesetz für seine Politik gewinnen. Er hatte ihnen solche königlichen Rechte zuerkannt, die sie ohnehin schon besaßen. Wie schon 1220 mit den geistlichen Fürsten hatte der König nun einen Ausgleich mit den weltlichen Fürsten erzielt.

Das „Hobby" Friedrichs II. Zeitgenössische Darstellung.

3.4 Fürsten werden Landesherren – Landesherren werden Könige

3.4.1 Eine königlose Zeit?

Die Zeit zwischen 1250 und 1272 wird oft als Interregnum bezeichnet. Das heißt: Zeit zwischen den Königen. In Wirklichkeit gab es eher zu viel als zu wenig Könige. Schon nach der Absetzung Friedrichs II. waren Gegenkönige gewählt worden. Manche von ihnen haben das Reich nie betreten. Doch auch die anderen konnten ihre Königsmacht nicht durchsetzen. Diese Schwäche der Könige führte in der zweiten Hälfte des 13. Jahrhunderts dazu, dass die Fürsten königliche Aufgaben übernahmen.

3.4.2 Ein „armer Graf" als König

Die Landesherren hatten die Vorteile eines schwachen Königtums erkannt. Deshalb wählten sie 1273 mit Absicht einen „armen Grafen". Rudolf von Habsburg war zwar nur ein einfacher Graf, kein Reichsfürst. Doch arm war er keineswegs. Im Südwesten des Reiches besaß er umfangreiches Landeigentum.

Zudem schlug Rudolf als König einen neuen Weg ein: König Ottokar II. von Böhmen hatte nach dem Tod Friedrichs II. die Wirren genutzt und sich die Herzogtümer Österreich und Steiermark angeeignet. Doch die Herzogtümer waren Reichsbesitz und durften nur vom König ausgegeben werden. Deshalb ließ Rudolf ihn bereits auf seinem ersten Reichstag ächten. Ein Reichs-

heer schlug die Böhmen 1278. Die Herzogtümer kamen unter Reichsverwaltung. 1282 aber wurden sie mit Zustimmung der Fürsten als erbliche Reichslehen an die Söhne Rudolfs ausgegeben. So war verhindert, dass sie in den Besitz einer anderen Familie geraten konnten. Zugleich wurde auf diese Weise die Stellung des Königs auf Dauer gestärkt. Dieses Vorgehen, das später auch andere Könige praktizierten, nennt man „Hausmachtpolitik".

Nicht nur die Habsburger, auch andere adelige Familien betrieben Hausmachtpolitik.

A1 *Erkläre mithilfe der Karte, was man unter Hausmachtpolitik versteht.*

A2 *Welche Familie hatte am meisten Besitz?*

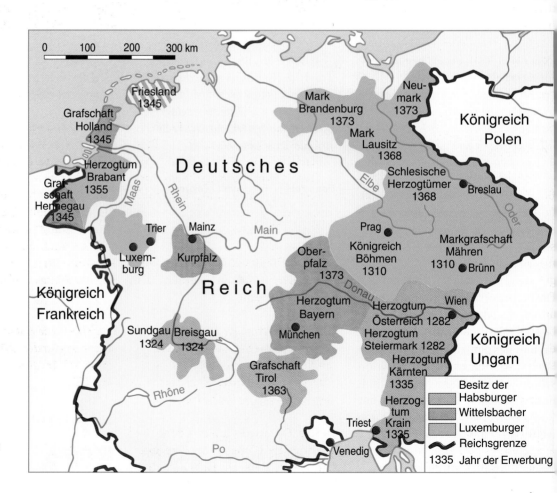

Hausmachtpolitik im späteren Mittelalter

3.4.3 Zwischen Papst und Fürsten: Karl IV.

Wieder einmal wurde 1347 der von den Fürsten gewählte deutsche König, Ludwig der Bayer, vom Papst gebannt und aus seinem Amt verwiesen. Karl IV. aus dem Haus der Luxemburger, der auf Anforderung des Papstes zum König gewählt wurde, musste sich erneut den Schmähruf anhören, er sei ein „Pfaffenkönig".

Wie du an der Karte gesehen hast, konnte Karl IV. nach dem Tod seines Widersachers schnell eine große Hausmacht aufbauen. Mit besonderem Geschick betrieb er aber auch den inneren Ausbau seiner zahlreichen Länder. Im Mittelpunkt stand dabei Prag, das unter ihm zur „Goldenen Stadt" wurde. Hier errichtete er neben der Alt- eine Neustadt, zu der auch die erste Universität (1348) in Europa gehörte. Doch zu einer richtigen Hauptstadt wurde auch Prag nicht. Weiterhin musste der König durch das Land reisen, um es zu regieren.

Die sieben Kurfürsten und ihre Wappen

A1 *Versuche, den Ausdruck „Goldene Stadt" zu erklären.*

Bei den Fürsten hatte Karl IV. anfangs einen schweren Stand. Doch so wichtige Fürsten wie der Erzbischof von Trier gehörten seiner Familie an. In zähen Verhandlungen gelang es ihm, gemeinsam mit den Fürsten ein Reichsgesetzbuch auszuarbeiten, das für lange Zeit Geltung behielt. Dabei befasste diese „Goldene Bulle" (1356) sich fast ausschließlich mit der Königswahl:

- Nach dem Tod übernimmt bis zur Neuwahl eines Königs der Pfalzgraf dessen Aufgaben.
- Spätestens nach drei Monaten soll die Neuwahl stattfinden.

- Als Wähler sind nur die Kurfürsten zugelassen. Das sind die Erzbischöfe von Mainz, Köln und Trier sowie die Kurfürsten von Böhmen, Brandenburg, Pfalz und Sachsen.
- Bei der Königswahl gilt das Mehrheitsprinzip.
- Die Kurländer dürfen nicht geteilt werden, sondern werden als Ganzes vererbt.

A2 *Bildet Gruppen. Je ein Schüler übernimmt die Rolle des Königs, der weltlichen und geistlichen Fürsten. Tauscht eure Argumente für oder gegen die Goldene Bulle aus.*

In der Tat war es außerordentlich wichtig, die Königswahl zu regeln. Du weißt, dass es zwischen den Fürsten und mit dem Papst immer wieder zu Auseinandersetzungen gekommen war. Nun war erstmals schriftlich geregelt, wer den König wählen und absetzen konnte: nur die Kurfürsten. Damit hatte der „Pfaffenkönig" gemeinsam mit den Fürsten auch einen Sieg über das Papsttum errungen: Der Papst war von der Königswahl ausgeschlossen.

A3 *Die Goldene Bulle nennt die sieben Kurfürsten „Säulen des Reiches". Erkläre diese Aussage mithilfe des Bildes.*

4 Landesausbau Sachsens und deutsche Ostsiedlung

4.1 Der Beginn der deutschen Ostsiedlung

Bis zum 12. Jahrhundert hatte die Bevölkerung in den deutschen Gebieten und in anderen Ländern Westeuropas trotz auftretender Hungersnöte und fortwährender Kriege stark zugenommen. Lebten noch zu Beginn des ostfränkisch-deutschen Reiches etwa zweieinhalb bis drei Millionen Menschen zwischen Nordsee und Alpen, Rhein und Elbe/Saale, so waren es in der Regierungszeit des Staufers Friedrich Barbarossa nahezu acht Millionen. Ein Teil der Menschen zog in die entstehenden Städte, ging handwerklicher Tätigkeit nach oder verdiente sich als Tagelöhner seinen Unterhalt. Auch in den Dörfern veränderte sich das Leben. Um genügend Nahrungsmittel zu erzeugen, gingen die Bauern überall zur Dreifelderwirtschaft über und versuchten, die Ernteerträge durch tieferes Pflügen und Düngung zu steigern. Gleichzeitig wurden Wälder gerodet und in fruchtbares Ackerland verwandelt. Orte, die zu Beginn des 11. Jahrhunderts noch von Urwald umgeben waren, lagen nun in einer offenen Landschaft aus Siedlungen und Feldern. Nur in den Kammlagen der Gebirge blieben die Wälder erhalten, weil sich die steilen Hänge nicht zur Feldbestellung eigneten. So gab es für weitere neue Bauernstellen kein geeignetes Land mehr. Nach wie vor aber waren die Bauern vom Grundherrn abhängig und mussten einen Teil der Ernte (etwa den fünften bis siebenten Teil), Tiere und Milchprodukte an ihn abgeben. Dazu kamen noch Frondienste. Deshalb überlegten gerade viele junge Bauernfamilien, ob sie nicht ihre Heimat verlassen sollten. Sie hatten gehört, dass im Osten genügend Land vorhanden war, auf dem neue Bauernstellen angelegt werden könnten.

Östlich von Elbe und Saale lebten die Westslawen. Bis auf einige Stämme, z. B. Sorben, Daleminzier und Milzener, die in heute sächsischen Gebieten ansässig waren, hatten sie sich 983 durch einen Aufstand von deutscher Vorherrschaft befreit. Die Bevölkerung war im Unterschied zum benachbarten deutschen Gebiet in der folgenden Zeit nur geringfügig angewachsen. Sie siedelte größtenteils im Umkreis der zahlreichen Seen, Flüsse und Bäche. Weite Landstriche waren dünn besiedelt oder fast menschenleer. Schon in der ersten Hälfte des 12. Jahrhunderts siedelten Bauern aus Flandern, Holland, Friesland und Westfalen im östlichen Schleswig-Holstein. Der heutige Fläming erhielt

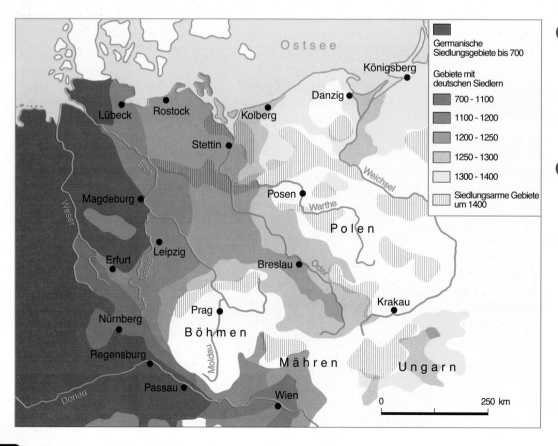

Die deutsche Ostkolonisation

A1 *Bestimme anhand der Karte den Zeitraum, in dem die Umgebung von Leipzig von Deutschen besiedelt wurde.*

A2 *Beschreibe, in welchen Schritten die deutsche Ostkolonisation erfolgte.*

seinen Namen nach den Flamen, die ihn kultivierten. Die Besiedlung der Slawengebiete, auch Kolonisation genannt, erfolgte zunächst recht langsam und planlos und blieb ohne größere Folgen für die Slawen.

A1 *Nenne Gründe für die Landsuche im Osten.*

In der Landschaft aber kam es im Zuge der Ostsiedlung bis zum 13. Jahrhundert zu wesentlichen Veränderungen. Weiträumige Rodungen, die Trockenlegung von Mooren und die Eindeichung von Küstenlandstrichen stellen tiefgehende Eingriffe des Menschen in die Natur dar. Dieser Landesausbau hatte erheb-

liche Folgen für die Lebensbedingungen der Menschen. Im 10. Jahrhundert gab es noch viele Niederschläge. Die Wälder wirkten als große Wasserspeicher. Im 13. Jahrhundert verringerte sich die Regenhäufigkeit jedoch und es stellten sich die klimatischen Verhältnisse ein, die wir heute kennen.

GEWUSST WIE!

Vergleich thematischer Karten

Einen Vergleich thematischer Karten können folgende Arbeitsschritte erleichtern:

1. Entnimm aus den Überschriften die Absicht der beiden Karten.
2. Prüfe, welche Unterschiede in den Absichten der Karten bestehen.
3. Lies die Kartenlegende.
4. Kläre anhand der Legende, welche Bedeutung die unterschiedlichen Farben haben.
5. Vergleiche die Aussagen beider Karten und stelle fest, welche Unterschiede und Gemeinsamkeiten es gibt.

Wir halten fest:
Thematische Karten sind immer so angelegt, dass ein spezielles Thema (hier z. B. die Rodungen) möglichst anschaulich verdeutlicht wird. Die in Geschichtskarten sonst üblichen Merkmale, z. B. die Staatsgrenzen, treten daher oft in den Hintergrund.

Die Besiedlungsflächen vor den großen Rodungen

☐ Wald
▦ Sumpf
☐ Besiedlungsflächen

0   100   200 km

Die Besiedlungsflächen nach den großen Rodungen

☐ Wald
▦ Sumpf
☐ Besiedlungsflächen

0   100   200 km

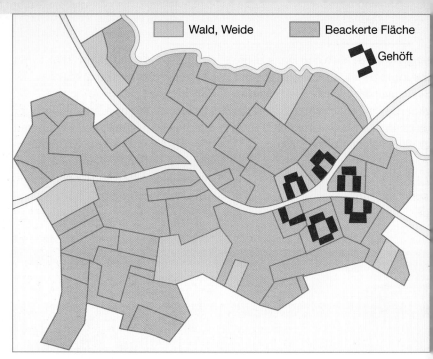

Slawische Siedlung mit Blockflur. Die Dorfflur wurde in mehrere Blöcke unterteilt, die mit dem Hakenpflug bearbeitet wurden.

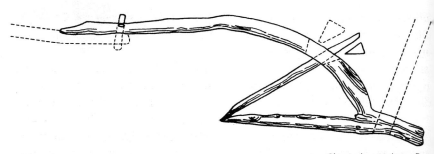

Slawischer Hakenpflug

4.2 Erste Erschließung von Neuland im heutigen Sachsen

Bevor im 12. Jahrhundert deutsche Siedler aus dem Westen in größerer Zahl in Sachsen eintrafen, lebten hier die Sorben in kleinen Dörfern mit einer Blockflur. Mehrere davon bildeten eine Siedlungsinsel. Man bearbeitete den Boden mit einfachen Hakenpflügen. Deshalb konnten die Sorben nur leichtere Böden nutzen, wie sie in den fruchtbaren Flusstälern von Elbe, Elster, Mulde und Pleiße anzutreffen waren. Ihr Vieh trieben sie zur Nahrungssuche in die angrenzenden Wälder. Allmählich bauten sie ihre Siedlungsinsel weiter aus, indem sie neue Dörfer anlegten. Oft taten sie dies auf Geheiß eines Grundherrn. Auf sorbisch hießen diese neuen Siedlungen Novosedlici. Ortsnamen wie Naußlitz oder Noßlitz erinnern daran. Manchmal erscheint im Ortsnamen auch der Vorname des Dorfältesten. An den Namen wurde dann einfach „dorf" angehängt. In besonderen Fällen gab man dem Dorf auch einen Namen, der die Tätigkeit der Dorfbewohner ausdrückte. Z.B. Sornzig bei Mügeln heißt übersetzt „Ort der Mühlsteinhauer". Und tatsächlich hat man dort vor einigen Jahren Mühlsteine zum Getreidemahlen ausgegraben. Aus dem Ortsnamen Cannewitz bei Wurzen kann man ablesen, dass dort Leute wohnten, die mit Pferdezucht beschäftigt waren.

Trotz slawischen Landesausbaus blieben die Gebiete relativ dünn besiedelt. Das veranlasste den Markgrafen und den Bischof von Meißen sowie andere Adlige, Werber auszuschicken und siedlungswillige Bauern und Handwerker ins Land zu holen. Da ihnen Vergünstigungen versprochen wurden, kamen auch bald Siedler aus Franken, Thüringen, Niedersachsen und Flandern in unser Gebiet. Sie erhofften sich ein größeres Stück Land als in der alten Heimat, keine Frondienste und wenig Abgaben an den Grundherrn. Die ausgeschickten Werber waren zuvor meist selbst Bauern oder Handwerker gewesen, manchmal auch verarmte Adlige. Sie leiteten vor Ort die Besiedlung und wurden Lokatoren genannt. Später waren sie oft die Dorfschulzen. Sie erhielten für ihre Werbetätigkeit mehr Land als die übrigen Siedler.

A1 *Suche nach einer Erklärung dafür, dass Bauernsöhne aus dem Westen, z. B. aus Holland und Franken, den Werbern folgten.*

Zu welchen Bedingungen im Jahre 1154 flämische Bauern im Dorf Kühren bei Wurzen angesiedelt wurden, erfährt man aus einer Urkunde des Bischofs von Meißen:

Q1 *„Wir wollen, dass bekannt sei, (...) dass ich tüchtige Männer aus Flandern an einem unbestellten und fast menschenleeren Platz angesiedelt und ihnen wie ihrer ganzen Nachkommenschaft eben dies Dorf, das Kühren heißt, mit nachfolgenden Rechten zum festen, ewigen und erblichen Besitz übergeben habe. Ich habe (...) dies Dorf mit 18 Hufen, mit allen Nutzungen (...), mit bestellten wie unbestellten Feldern, Fluren und Wäldern, Weiden und Wiesen, Gewässern und Mühlen, Jagd und Fischerei übergeben. Von*

A1 *Versuche, die einzelnen Personen auf dem Bild zu bestimmen. Suche dir eine Person aus, zu der du eine kleine Geschichte schreiben kannst.*

Das Bild zeigt Bauern beim Roden und beim Bau eines Hauses. Ein Herr übergibt dem Schulzen eine Urkunde mit dreieckigem Siegel, 13. Jh.

allen ihren Erzeugnissen, außer von Bienen und Flachs, geben diese Männer den Zehnten (...). Vom Zoll sind sie in unserem Gebiet befreit. (...)
(Quellen zur Geschichte des deutschen Bauernstandes im Mittelalter, S. 222)

A2 *Suche aus der Quelle heraus, welchen Tätigkeiten die Ansiedler neben der Feldbestellung noch nachgehen konnten.*

A3 *Prüfe, ob es sich für die Ansiedler in Kühren gelohnt haben kann, dem Werber in den Osten zu folgen.*

In der Urkunde werden 18 Hufen erwähnt. So wissen wir, wie viele Bauern in Kühren angesiedelt wurden. Jeder bekam eine Hufe. Das ist gerade so viel Land (zwischen 10 bis 15 Hektar), dass eine Familie mit Kindern davon ernährt werden konnte. In anderen Fällen haben wir kaum etwas über die Siedlungsbedingungen erfahren. Im Gebiet zwischen Meißen und Wilsdruff sind zu dieser Zeit an verschiedenen Stellen Siedlergemeinden entstanden.

4.3 Siedler dringen ins Gebirge vor

Bis in die Mitte des 12. Jahrhunderts waren Erzgebirge und Vogtland mit undurchdringlichem Urwald bewachsen. Nur einige wenige Pfade und Steige führten hindurch, manchmal von Kaufleuten benutzt.

Da immer mehr landlose Bauern in Sachsen eine Heimat suchten, begannen sie unter Führung der Lokatoren, auch das Erzgebirge zu erkunden. Ausgehend von schon vorhandenen Dörfern suchten sie entlang der Flussläufe nach günstigen Plätzen zum Anlegen von Siedlungen. So entstanden richtige Siedelbahnen mit Dörfern „aus wilder Wurzel". Fluss- und Bachläufe sowie angelegte Wege bildeten ihr Rückgrat. Die so entstandenen Dörfer nannte man Waldhufendörfer. Jeder Bauer erhielt hier eine Hufe, die hinter seinem Dreiseitgehöft begann und bis an den Wald reichte.

Die Form hat sich erhalten: Dreiseitenhof eines Bauern im Erzgebirge.

A4 *Vermute, welchem Zweck die einzelnen Gebäude gedient haben könnten.*

Q1 Ein Sachbuchautor schreibt über die Rodungen:

„Die mittelalterliche Waldrodung ging wie folgt vor sich:
Die Bäume wurden angehauen, Hütten und Feuerstellen errichtet. Nach drei Tagen galt der Boden als ersessen (d. h. in Besitz genommen). Dann brannte man die Bäume nieder oder fällte sie und verbrannte die Wurzeln und das Strauchwerk, um Asche als Dünger zu gewinnen. Drei Arbeitsgruppen waren in der Regel tätig: eine Kolonne der Baumfäller, eine der Wurzelgräber und eine dritte, die Wurzeln und Holzabfälle verbrannte.“

(Hühns, E.: Bauer, Bürger, Edelmann, S. 31)

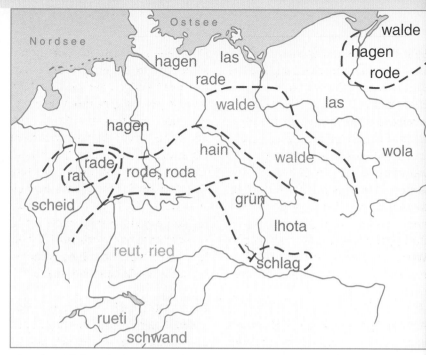

Deutsche und slawische Rodenamen

A1 Beschreibe anhand von Quelle und Bild, in welchen Arbeitsschritten die Wälder gerodet wurden.

Orts- und Flurnamen mit bestimmten Endsilben oder dem Wort Rode-, Rade- (Rodewisch, Radeberg) verraten uns, dass es einen Zusammenhang zu den Rodungen gibt.

A2 Suche dazu Ortsnamen aus deiner Heimat.

So stellt sich ein moderner Maler die mittelalterlichen Rodungen vor.

Lehnsleute des Markgrafen oder des Königs ließen an wichtigen Stellen Burgen bauen. Oft entstanden sie an Flussfurten. So kontrollierten und schützten die Lehnsleute die Umgebung. Von dort trieben sie aber auch die Abgaben von den Bauern ein, wenn die Dörfer gerodet waren. Was ermöglichte es den Bauern nun, in dieser rauhen Gebirgsgegend ein neues Leben zu beginnen? War es ihr Zusammenhalt? Waren es neue Werkzeuge, die sie mitbrachten? Waren es ihre Erfahrungen? Es war wohl alles zusammen.

Auf den Karren, die ihre Ochsen zogen, hatten sie Ackergeräte mitgebracht. Das Wichtigste war ein neuer Pflug mit eiserner Pflugschar. Mit ihm konnte die Erde nicht nur aufgeritzt werden. Er pflügte tiefer und wendete den Boden sogar noch um. Dadurch wurde der schwere Lehmboden gut gelockert und die Pflanzen konnten kräftig wachsen. Das brachte eine gute Ernte.

A1 *Erkläre an der Abbildung, was dafür spricht, dass so auch schwieriger Boden bearbeitet werden kann.*

Die Siedler kamen aus sehr unterschiedlichen Gegenden in das Gebiet des heutigen Sachsen. Deshalb brachte jede Gruppe ihre Vorstellungen vom Aussehen eines Dorfes mit. So waren neben Waldhufendörfern als Straßendörfer auch Anger- oder Haufendörfer (Rundlinge) entstanden. Die Siedler sprachen auch verschiedene deutsche Dialekte. Sie lernten es jedoch sehr schnell, sich zu verständigen. Noch im 12. Jahrhundert bildete sich eine „ostmitteldeutsche Siedlersprache" heraus.

In der Oberlausitz hatten die sorbischen Bauern, in ihrer Sprache auch als Schmurden bezeichnet, bereits verstärkt mit dem Landesausbau begonnen, als deutsche Siedlergruppen dort ankamen. Dadurch blieben sie eine starke Bevölkerungsgruppe und konnten sich ihre Kultur bis in die Gegenwart erhalten. Auch in den übrigen Gebieten in Sachsen kamen Neusiedler und Sorben friedlich miteinander aus. Oft siedelten sie nebeneinander, wie doppelte Ortsnamen (Wendisch- und Deutschenbora oder Wendisch- und Deutschluppa) belegen.

A2 *Erklärt die drei Dorfformen anhand der Abbildungen rechts.*
A3 *Prüft in eurer Umgebung, welche der abgebildeten Dorfformen heute noch zu erkennen sind.*

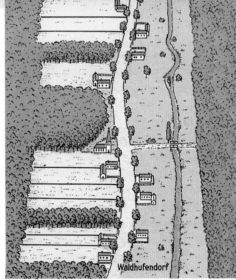

Waldhufendorf

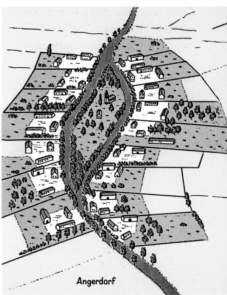

Angerdorf

Rundling

Dorfformen: Waldhufendorf, Angerdorf, Rundling (Haufendorf)

Pflügen mit dem Beetpflug.
Der Text lautet: „Land, dessen Bearbeitung große Mühe bereitet".

4.4 Gewaltsame Unterwerfung und friedliche Siedlung außerhalb Sachsens

Zunächst erfolgte die Landnahme mehr willkürlich. Im Frühjahr 1147 wurde in Frankfurt am Main ein Kreuzzug gegen die Slawen, der „Wendenkreuzzug", verkündet. Der Schlachtruf der Teilnehmer war: „Taufe oder Tod!"

Q1 Aus einem zeitgenössischen Bericht:

„Zwei mächtige Heere, wie man sie niemals zuvor gegen die Wenden ausgesandt hatte, taten sich nun zusammen. Das eine, 60 000 Mann stark, unterstand dem Markgrafen Albrecht dem Bären und versammelte sich bei Magdeburg; das andere, mit 40 000 Kreuzfahrern, zog sich am Unterlauf der Elbe zusammen, sein Führer war der Sachsenherzog Heinrich der Löwe. Eine dänische Flotte unterstützte die beiden Heere über die Ostsee (...). Im Juli unterwarf sich Niklot, der Fürst von Mecklenburg, der im Norden operierenden Armee und ließ sich taufen. (...)."

(Higounet, Ch.: Die deutsche Ostsiedlung im Mittelalter, S. 69)

A2 *Woran glaubten die Westslawen in dieser Zeit? Kannst du erklären, warum damals „Christus für die Slawen nichts weiter (war) als ein deutscher Gott"?*

A3 *Welche Fragen stellen sich dir, wenn du von einem Kreuzzug gegen die Slawen und der Losung „Taufe oder Tod!" liest?*

Q2 Ein Zeitgenosse berichtet:

„Als dann die Slawen allmählich verschwanden, sandte er (Albrecht der Bär) nach Utrecht und die Rheinlande sowie zu denen, die am Ozean wohnten und unter der Gewalt des Meeres zu leiden hatten, (...) und ließ sie in den Städten und Dörfern der Slawen wohnen (...). Zur gleichen Zeit begannen holländische Siedler, sich auch am südlichen Ufer der Elbe niederzulassen, von der Stadt Salzwedel an hatten die Holländer das ganze Sumpfgebiet und Ackerland (...) im Besitz."

(Helmold von Bosau: Slawenchronik, S. 313, bearbeitet)

A4 *Suche eine Erklärung dafür, dass gerade Küstenbewohner angesiedelt wurden.*

Ab Mitte des 12. Jahrhunderts unterwarfen sich die slawischen Stämme, die 983 im Slawenaufstand ihre Freiheit behauptet hatten. Heinrich der Löwe vergab 1167 das Reich der Abodriten – Mecklenburg – als Lehen an den slawischen Fürstensohn Pribislaw. Albrecht der Bär nannte sich 1157 nach der Eroberung Brandenburgs, der Hauptstadt der Heveller, Markgraf von Brandenburg. Der slawische Adel verschmolz mit den deutschen Adelsfamilien. Die sogenannten Slawenbistümer wie Havelberg und Brandenburg wurden wieder errichtet.

Gegen Mitte des 13. Jahrhunderts war die Christianisierung der Westslawen weitgehend vollendet.

In der Geschichtsschreibung wird einerseits der friedliche Charakter der Ostsiedlung betont. Andererseits wird herausgestellt, dass sie sich auch auf Gewalt gründete und große Opfer, vor allem von den Westslawen, forderte. Tatsächlich sind ganze Landstriche in Mecklenburg im Ergebnis des Wendenkreuzzuges menschenleer geworden. Die Westslawen gingen in der Ostkoloni-

A1 *Was erkennst du auf der Abbildung? Suche nach Gründen, warum gerade diese Dinge unter den besonderen Schutz des Landesherrn gestellt wurden.*

Dinge, die durch den Landfrieden geschützt werden

sation bis auf geringe Reste im deutschen Volk auf. Dabei verloren sie ihre eigene Sprache und das eigene Volkstum. Eine Ausnahme bildeten die Sorben in der Lausitz.

4.5 Städtegründungen im Osten

Der Landesausbau führte nicht nur zur Anlage vieler neuer Dörfer, sondern auch zur Gründung neuer deutscher oder zur Umgestaltung slawischer Städte. So ist beispielsweise Lübeck, das später eine herausragende Rolle spielen sollte, 1143 am früheren slawischen Fürstensitz in Alt-Lübeck entstanden. Nach seiner Zerstörung wurde Lübeck 1158/59 erneut gegründet. Bald nahm es eine erfolgreiche und schnelle Entwicklung.

Handwerker und Händler hofften auf bessere Existenzmöglichkeiten, wenn sie nach dem Osten gingen. Weil auch viele Grundherren (Markgraf, Bischof, andere Adlige) sich davon Vorteile versprachen, gaben sie den Ankömmlingen oft Land in der Nähe ihrer Burg und verliehen ihnen verschiedene Rechte. Am wichtigsten davon war, dass sie in ihrer neuen Siedlung einen Markt abhalten durften. Dafür erhob der Stadtherr einen Marktzoll. Auf diese Weise wurden im heutigen Sachsen frühe städtische Siedlungen wie Meißen, Strehla, Altenburg, Leisnig, Leipzig, Wurzen, Bautzen durch einen planmäßig angelegten Stadtteil erweitert. Im Rodegebiet dagegen entstanden Städte wie Freiberg, Großenhain, Chemnitz, Zwickau völlig neu.

A1 *Weshalb kamen außer den Bauern auch Händler und Handwerker in den Osten des Reiches?*

A2 *Beschreibe, welche Möglichkeiten es für die Entstehung von Städten im Osten gab.*

Stadttor von Lübeck

Die Verpflichtungen, die die Städtegründer und die Bewohner verbanden, wurden in Urkunden festgehalten. Oft orientierten sie sich an schon Vorhandenem. „Lübisches Recht" (Lübeck) und „Magdeburger Recht" wurden so die Grundlage für viele neue Städte im Osten.

Q1 Der Bischof von Meißen 1185 in der Urkunde zur Gründung eines Marktes in Löbnitz (bei Bitterfeld):
„Häufig geschieht es, dass über einen Vertrag (...) in irgendeiner Sache ein Streit entsteht, der nicht entstünde, wenn für den Vorgang Zeugen oder schriftliche Denkmäler vorhanden wären. Damit also über die Absprache, zu der wir uns mit den Markthändlern und Bauern in Löbnitz geeinigt haben, in kommender Zeit kein Streit entsteht, haben wir (die Absprache), durch die wir ihnen

gegenüber und sie uns gegenüber durch ein verpflichtendes Versprechen gebunden sind, in dieser Urkunde (...) aufschreiben lassen."
(Helbig, H./Weinrich, L.: Urkunden und erzählende Quellen zur deutschen Ostsiedlung, S. 213)

A3 *Wie begründet der Bischof die Notwendigkeit der Urkunde?*

A4 *Überlege, was genaue urkundliche Festlegungen für die Bewohner der neuen Städte bedeuten können.*

4.6 Polen und der Deutsche Orden

Während der Kreuzzüge war der Deutsche Orden entstanden. Ehelosigkeit, persönliche Armut der Ordensmitglieder und vor allem der Kampf gegen die Feinde des christlichen Glaubens waren in seinen Ordensregeln festgeschrieben. Als der polnische Herzog von Masowien im Kampf gegen den noch heidnischen Stamm der Pruzzen Hilfe benötigte, holte er daher die Ordensritter ins Land. Denn nach den Kreuzzügen suchte der Orden neue Aufgaben. Ab 1231 unterwarfen die Ordensritter in jahrelangen Kämpfen die Pruzzen und benachbarte Stämme. Noch im 14. Jahrhundert versuchten sie in Kreuzzügen, auch die Litauer zum Christentum zu bekehren. Aus den Kämpfen gegen die Samaiten ist von 1399 folgende Klage überliefert:

Q1 *„Der Orden will nicht unsere Seelen für Gott, sondern unsere Felder für sich selbst gewinnen (...). Alle Früchte unserer Felder haben uns die Ritter genommen (...). Jedes Jahr führen sie unsere Kinder als Geiseln weg. Unsere Ältesten haben sie nach Preußen verschleppt, andere samt ihren Familien mit Feuer ausgerottet, unsere Schwestern und Töchter haben sie mit Gewalt weggeführt – und dann tragen sie noch das heilige Kreuz auf dem Mantel! Habt Erbarmen mit uns! Von ganzem Herzen wollen wir Christen werden, aber wir wollen mit Wasser, nicht mit Blut getauft werden."*

(Gitermann, V.: Geschichte Russlands, S. 396)

A1 *Erläutere die Vorwürfe gegen den Orden. Was könnte ein Ordensritter erwidert haben?*

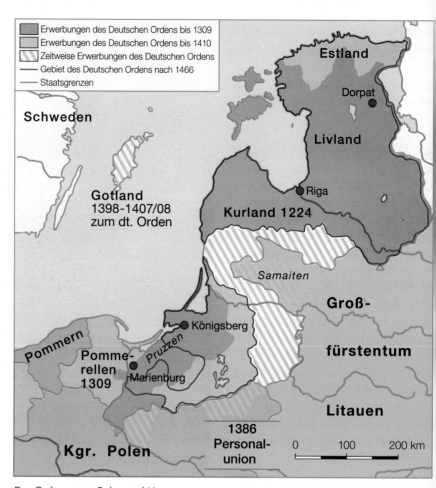

Der Ordensstaat, Polen und Litauen

Der Herrschaftsbereich des Ordens entwickelte sich zu einem mächtigen und straff verwalteten Staat. Regiert wurde er von einem „Hochmeister", den die Ritter auf Lebenszeit wählten. Der Orden holte deutsche Siedler ins Land, gründete Dörfer und Städte, förderte Handel und Handwerk und legte zahlreiche Burgen an. Danzig wurde zu einem bedeutenden Handelszentrum.

A2 *Beschreibe anhand der Karte die Entwicklung des Ordensstaates.*

Die Nachbarn des Ordensstaates fühlten sich durch dessen Machtzuwachs bedroht. In Polen war es König Kasimir (1333–1379) gelungen, das in kleine Herrschaften zersplitterte Land zu einen und wieder stark zu machen. Durch Heirat der Königstochter wurden 1386 das Königreich Polen und das christlich gewordene Großfürstentum Litauen verbunden. So entstand eine Großmacht, die es mit dem Ordensstaat aufnehmen konnte. Nach jahrelangen Kämpfen wurde der Orden 1410 bei Tannenberg entscheidend besiegt. Er musste an Polen Gebiete abtreten und schließlich 1466 dessen Oberhoheit anerkennen. Der Aufstieg Polens zur Großmacht setzte sich noch weiter fort: Um 1500 gehörten sogar Teile Russlands sowie Böhmen und Ungarn zu seinem Machtbereich. Bis heute ist in Polen die Politik des Deutschen Ordens sehr umstritten.

5 Sächsischer Landesausbau unter den Wettinern

5.1 Als die Herrschaft der Wettiner begann

Die Markgrafen von Meißen waren im 10. und 11. Jahrhundert sehr wichtige Lehnsleute des Königs, die das Gebiet in seinem Namen beschützen und verwalten sollten. 1089 wurde erstmals ein Wettiner mit der Markgrafschaft Meißen belehnt. Dieses Adelsgeschlecht hatte seinen Stammsitz auf der Burg Wettin in der Nähe von Halle. 1123 wurde der Wettiner Konrad Markgraf von Meißen, 1136 erbte er die Grafschaft Groitzsch mit der Niederlausitz und 1143 erhielt er vom König die Grafschaft Rochlitz.

Am Ende seines Lebens zählte Markgraf Konrad zu den mächtigsten Männern im ganzen Reich. Auch er strebte bei der Ostsiedlung danach, seine Herrschaft weiter auszubauen. Damit auf seinem markgräflichen Land möglichst viele Dörfer angelegt werden konnten, setzte er Ministeriale ein. Das waren Dienstleute, die meist über eine kleinere Burg verfügten.

Von dort aus beaufsichtigten sie den Fortgang der Rodungen und trieben

Burg Wettin bei Halle

A1 *Suche die Gebiete, die Markgraf Konrad erworben hat, auf der Karte unten auf.*

Die Entstehung der wettinischen Landesherrschaft

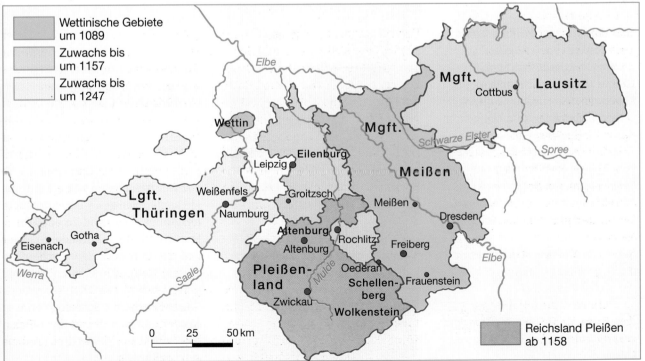

später die Abgaben für den Markgrafen ein. Eine zweite Möglichkeit, sich ständige Einnahmen zu verschaffen, war die Gründung von Städten, wie du es am Beispiel einiger sächsischer Städte noch kennen lernen wirst.

Konrads Söhne bekamen jeder einen Teil des väterlichen Erbes und setzten den begonnenen Weg fort. Sohn Otto wurde Markgraf. Er verlieh neben Freiberg weiteren städtischen Ansiedlungen das Stadtrecht, z.B. Leipzig, Grimma und Dresden. Auch die Einrichtung mehrerer Klöster geht auf die Wettiner zurück. Otto gründete das Kloster Altzella bei Nossen und stellte dafür 800 Hufen seines Lehnsbesitzes, der aus gerodeten Dörfern und einem großen Stück Wald bestand, zur Verfügung. Damit war ein neues geistliches Zentrum entstanden, das zugleich eine würdige Begräbnisstätte für die Wettiner war.

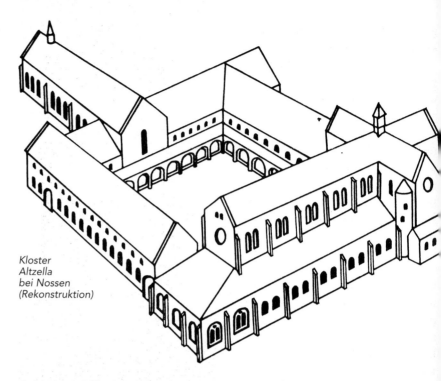

Kloster Altzella bei Nossen (Rekonstruktion)

A1 *Welche Aufgaben sollten die Ministerialen (Dienstleute) für den Markgrafen erfüllen?*

Q1 Ein Wissenschaftler schreibt über das Wirken der Klöster:
„Für den Landesausbau Sachsens im 12. und 13. Jahrhundert spielten die Klöster der Zisterzienser und anderer Orden eine wichtige Rolle. Die Mönche führten verbesserte Methoden des Ackerbaus ein und pflegten Sonderkulturen, die in Sachsen kaum bekannt waren: den Anbau von Kräutern, Obst und Wein, die Anlage von Fischteichen und die Schafzucht. An der Rodung und Gründung von Dörfern beteiligten sie sich dagegen nur in geringem Umfang."
(Zeit und Ewigkeit, S. 232)

A2 *Prüfe, welche Vorteile es brachte, dass die wettinischen Landesherren Klöster gründeten.*

Geschnitztes Bildnis eines Mönchs mit Rosenkranz und Buch. Das Bildnis stand am Wegesrand. Es machte die Vorübergehenden darauf aufmerksam, dass sie sich auf Klostergrund befanden.

Auch der Nachfolger des Markgrafen Otto wendete sich besonders den Städten zu. Er verlieh einigen Stadtrecht, wollte sie aber auch mehr vom Landesherrn abhängig machen. Das gefiel z. B. den Leipziger Bürgern nicht. Deshalb machten sie im Jahre 1216 gemeinsam mit Ministerialen des Markgrafen einen Aufstand.

5.2 Die Wettiner und der Kaiser: Auf dem Weg zum Kurfürstentum

Im Streben um den Landesausbau waren die Wettiner nicht allein. Stellt man sich das bildlich vor, sah das Deutsche Reich wie ein bunter Flickenteppich aus. Überall versuchten Adlige, viel Land zu erwerben, Bauern anzusiedeln, Städte zu gründen und Bergwerke einzurichten. In diesem Wettlauf hatten die Wettiner einen mächtigen Konkurrenten: Kaiser Friedrich I. Schon dessen Vorgänger hatten sich um das Reichsland zwischen Pleiße und Freiberger Mulde besonders bemüht. Sie gründeten z. B. 1136 das Reichskloster Chemnitz und ließen ihre Reichsburgen durch Burggrafen verwalten. Auch Städte wie Altenburg und Leisnig erhielten ihre Unterstützung. Besonders wichtig für den Landesausbau war der Pleißenwald, der sich südlich von Altenburg bis zum Kamm des Erzgebirges erstreckte. 1158 gründete Friedrich I. das Reichsland Pleißen, ließ seine Ministerialen dort Burgen bauen und Bauern ansiedeln. Die Besiedlung erfolgte meist entlang der Wege nach Böhmen. So bildeten sich bald auch kleine Städte wie Waldenburg, Rabenstein, Stollberg, Wolkenstein. Aber die kaiserliche Macht wurde zunehmend geschwächt. Dagegen konnten die Wettiner ihr Territorium erweitern. Markgraf Heinrich erreichte sogar, dass im Jahre 1247 die Landgrafschaft Thüringen in seinen Besitz eingegliedert wurde.

So oder ähnlich sah die steinerne Turmburg eines Ministerialen oder niederen Adligen aus. Der Turm hatte im Erdgeschoss keine Türen und Fenster und war nur im ersten Stock bewohnt.

A1 *Suche das Reichsland Pleißen auf der Karte S. 41.*

A2 *Welche Maßnahmen ergriff der Kaiser beim Ausbau seines Reichslandes? Vergleiche sie mit denen des Kurfürsten.*

A3 *Untersuche die Möglichkeiten der Verteidigung dieser Burg.*

Als Heinrich, jetzt Markgraf von Meißen und Landgraf von Thüringen, 1288 verstarb, gerieten die Wettiner in Erbstreitigkeiten. Das nutzte König Adolf von Nassau. Er wollte Thüringen und Meißen erobern und sich ein mächtiges Reichsland schaffen. Die Wettiner zogen dem königlichen Heer entgegen und besiegten es 1307 in der Schlacht bei Lucka, in der Nähe von Altenburg. Das sicherte ihnen nun dauerhaft die Macht. 65 Jahre nach dieser Schlacht einigten sich Kaiser Karl IV. und der Markgraf über die Grenzen zwischen ihren Gebieten im Vertrag von Pirna friedlich. 1459 wurde in Eger erneut darüber verhandelt. Die Grenzen zwischen Böhmen und Sachsen wurden so festgelegt, wie sie heute noch sind.

Weil er den Kaiser besonders unterstützt hatte, erhielt Markgraf Friedrich der Streitbare 1423 den Titel und die Länder des Herzogs von Sachsen und die Kurwürde. Damit gehörte er zu den sieben Kurfürsten im Reich, die den König wählen durften. Für unser Gebiet bürgerte sich nun der Name Sachsen ein. Das herzogliche Wappen und die Kurschwerter wurden zu Symbolen der Macht (siehe S. 44).

A4 *Erläutere das Verhältnis zwischen den Wettinern und dem Kaiser.*

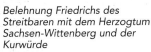

Belehnung Friedrichs des Streitbaren mit dem Herzogtum Sachsen-Wittenberg und der Kurwürde

A5 *Beschreibe das Siegel und vermute, wer darauf abgebildet sein könnte. Nutze den Abschnitt „Gewusst wie! Was ist ein Siegel?" (S. 25)*

Wappen
des Herzogs
von Sachsen

Kurschwert mit
verzierter
Scheide (Hülle)

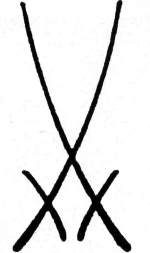

Kurschwerter auf Meißner Porzellan heute

Nach seinem Tod teilten sich die Söhne anfangs die Herrschaft. Bald brach aber zwischen ihnen wegen der Teilung ihrer Ländereien ein „Bruderkrieg" aus, der dem ganzen Land großen Schaden zufügte.

In diese Zeit gehört ein Ereignis in der sächsischen Geschichte, über das - oft sagenhaft ausgeschmückt - immer wieder erzählt wird: Der Prinzenraub des Ritters Kunz von Kaufungen. In einer Nacht im Juli 1455 waren die beiden Prinzen (der 14-jährige Ernst und der 12-jährige Albrecht) von dem Ritter aus dem Altenburger Schloss entführt worden. Ritter Kunz hatte deren Vater im Bruderkrieg gedient, fühlte sich aber für seine Dienste nicht ausreichend entschädigt. Seine Klagen wurden abgewiesen. Da versuchte er auf diese Weise, seine Forderungen durchzusetzen. Aber auf dem Weg in Richtung böhmische Grenze wurde er gefasst und wenige Tage später in Freiberg hingerichtet.

A1 *Vermute, wie sich der Streit der wettinischen Brüder auf das Land und die Menschen ausgewirkt haben könnte.*

Eigentlich sollten die Nachfolger, eben die beiden geraubten Prinzen, das Land nicht wieder teilen. Zwanzig Jahre hielten sie sich daran. Doch dann kam es zum Streit. So wurde 1485 die Leipziger Teilung ausgehandelt. Kurfürst Ernst, der ältere, bestimmte, in welche Teile der Besitz aufgegliedert werden sollte. Albrecht, der jüngere, durfte sich dann für einen der Teile entscheiden. So war es damals Brauch. Ernst behielt die Kurwürde und bekam Thüringen, Albrecht den meißnischen Teil mit den Städten Dresden und Leipzig und den Herzogtitel. Die Bergwerke und einige andere Gebiete wollten sie gemeinsam nutzen. Aber

gerade der Versuch, Gemeinsamkeiten zu erhalten, brachte in der Folgezeit immer wieder neue Streitigkeiten. So blieb die Teilung bestehen. Es bildete sich eine albertinische Linie der Wettiner in Sachsen und eine ernestinische Linie in Thüringen heraus. Damit ein Gebiet in Zukunft vor einer weiteren Zersplitterung verschont blieb, erließ Herzog Albrecht eine „Väterliche Ordnung". Das Erbe war nun unteilbar und musste gemeinsam verwaltet werden.

A2 *Erwäge, was deiner Meinung nach für und was gegen die „Väterliche Ordnung" spricht.*

Herzog Albrecht von Sachsen

A3 *Welche Eigenschaften hat deiner Meinung nach der Maler in diesem Porträt hervorheben wollen? Wie hat er das getan?*

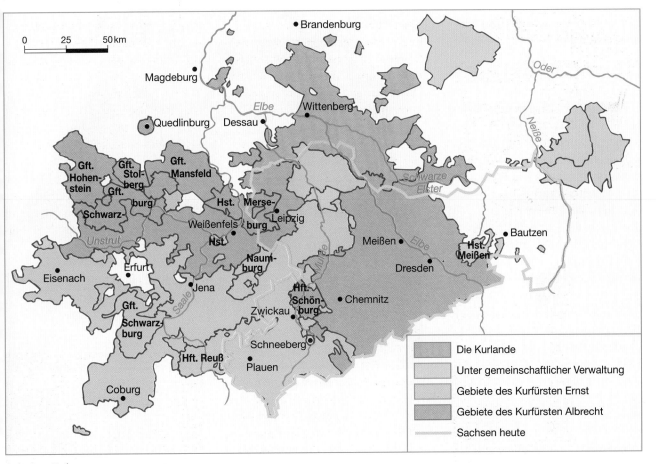

Leipziger Teilung

Legend:
- Die Kurlande
- Unter gemeinschaftlicher Verwaltung
- Gebiete des Kurfürsten Ernst
- Gebiete des Kurfürsten Albrecht
- Sachsen heute

Map labels: Brandenburg, Magdeburg, Quedlinburg, Dessau, Wittenberg, Oder, Elbe, Neiße, Gft. Hohenstein, Gft. Stolberg, Gft. Mansfeld, Gft. Schwarz-burg, Schwarze Elster, Hst. Merse-burg, Weißenfels, Leipzig, Unstrut, Hst., Meißen, Bautzen, Hst. Meißen, Naum-burg, Dresden, Eisenach, Erfurt, Saale, Jena, Mulde, Hft. Schön-burg, Chemnitz, Gft. Schwarz-burg, Zwickau, Schneeberg, Hft. Reuß, Plauen, Coburg

A1 Stelle auf der Karte fest, wie das Land aufgeteilt wurde. Vergleiche mit der Lage des heutigen Sachsen. Orientiere dich dabei an den eingezeichneten Orten und Flüssen.

A2 Suche nach möglichen Streitpunkten zwischen der albertinischen und der ernestinischen Linie, die sich aus der Art der Teilung ergeben haben.

A3 Beschreibe den Eindruck, den deiner Meinung nach die Darstellung des Fürsten im Verhältnis zu seinem Gefolge vermittelt (Abb. unten).

Der Fürstenzug zu Dresden

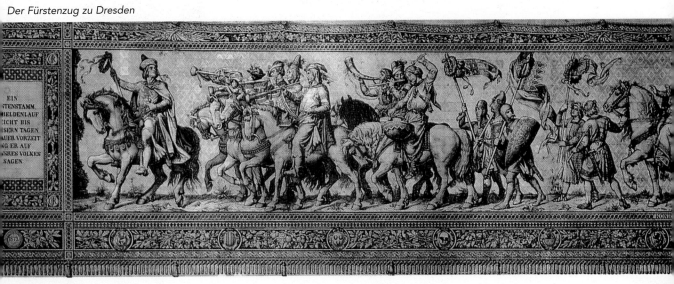

5.3 Landesherren schaffen sich eine Residenz

Im 13. bis 14. Jahrhundert hatten die Landesherren gewöhnlich mehrere Städte, in deren Mauern sie eine Burg besaßen und wo sie sich mit ihrem Gefolge bevorzugt aufhielten. Nicht jede Stadt eignete sich dafür, denn die Versorgung des Hofstaats nahm viele Menschen in Anspruch. Außerdem hatte der Landesherr auch ständig seine Räte und Schreiber bei sich, die Urkunden ausstellen und die Abrechnung seiner Einnahmen vornehmen mussten. Deshalb gingen die Landesherren allmählich dazu über, eine Stadt als Residenz einzurichten. Die Wahl der beiden Brüder Ernst und Albrecht fiel um 1485 endgültig auf Dresden, während sie in den vorhergehenden Jahren Meißen bevorzugt hatten. Auch andere Städte im heutigen Sachsen wie Torgau und Grimma hatten als Residenz von Markgrafen gedient.

Das Schloss zu Dresden 1528

A1 *Was veranlasste die Markgrafen, eine feste Residenz einzurichten?*

1206 wurde Dresden erstmals erwähnt. Man kann annehmen, dass es in der Nähe eines alten Elbüberganges eine Burg gab. 1216 hat man Dresden bereits als ummauerte Stadt bezeichnet. Zu Beginn des 14. Jahrhunderts befanden sich Burg und Stadt Dresden in den Händen der Meißener Markgrafen.

Ansicht von Dresden um 1555

Alte Baurechnungen zeigen, dass die Burg im 15. Jahrhundert zweimal umgebaut wurde. In der Folgezeit kam es zu einer erneuten Umgestaltung des Schlosses. So entstand z. B. auch eine Kanzlei, in der die umfangreichen Verwaltungsaufgaben des Landes geregelt wurden. Der Ausbau Dresdens zur Residenzstadt war nur möglich, weil 1470 neue Silbervorkommen im Erzgebirge entdeckt wurden und Sachsen insgesamt wirtschaftlich in Blüte stand. Die „Perlen" waren sein Bergbau und seine Städte.

A1 *Nenne Aufgaben einer Residenz und für sie typische Bauten.*

A2 *Vergleiche die Ausgestaltung des Schlosses im 16. Jahrhundert mit der heute wieder aufgebauten Anlage. Wie erklärst du dir die Unterschiede?*

Das Dresdener Schloss heute

6 Die Stadt im Mittelalter

6.1 Städte entstehen und entwickeln sich

Wie haben die Städte in früherer Zeit wohl ausgesehen und wie sind sie entstanden? Auf den Bildern von Erfurt und Nürnberg kannst du sehen, wie „große" Städte im späten Mittelalter ausgesehen haben.

A1 *Welche Bestandteile der mittelalterlichen Stadt kannst du erkennen?*

A2 *Nenne Gemeinsamkeiten im Erscheinungsbild der beiden Städte.*

A3 *Erkläre an der Stadtkarte möglichst viele Straßennamen.*

A4 *Überlege, wie die Wortendungen der Städtenamen Erfurt und Nürnberg zustande kamen.*

A5 *Suche in einem Atlas weitere Städte, die auf -furt, -berg oder -burg enden.*

Die ältesten Städte in Deutschland haben ihren Ursprung in der Zeit der Römerherrschaft. An Rhein und Donau errichteten die Römer Städte, die mit dem Untergang des Römischen Reiches verlassen wurden. Das städtische Leben erlosch jedoch nicht vollständig an diesen Orten.

Bischöfe blieben dort und machten sie zu Zentren ihrer Bistümer.

Auf langen Reisen hatten Kaufleute stets Angst, überfallen zu werden. Sie suchten daher oft Schutz in der Nähe der Bischofssitze. Aber auch Burgen von weltlichen Herren, Pfalzen des Königs und Klöster boten den Händlern Sicherheit. Auf diese Weise entstanden vor den Herrschaftssitzen häufig Kaufmannssiedlungen.

Nur auf Märkten durfte gehandelt werden. Wenn die Bewohner der Kaufmannssiedlungen einen Markt abhalten wollten, mussten sie vom König das Marktrecht erhalten. Im Jahre 965 verlieh beispielsweise Kaiser Otto I. der Stadt Magdeburg das Recht, Markt zu halten, Münzen herauszugeben und Zölle zu erheben.

Die Städte, die aus dem Herrensitz, der Wirtschaftssiedlung und mindestens einer Kirche bestanden, wuchsen und verhalfen den Stadtherren zu außerordentlichem Reichtum. Da ist es nicht verwunderlich, auf welche Idee Herzog Konrad von Zähringen und andere Adlige kamen.

Q1 *„Aller Nachwelt und Mitwelt sei kundgemacht, dass ich, Konrad, an dem Platz, der mir als Eigengut gehört, nämlich Freiburg, einen Marktort gegründet habe, im Jahre der Geburt des Herrn 1120.*
Nachdem angesehene Geschäftsleute von überall zusammengerufen worden waren, habe ich angeordnet, diesen Marktort (...) anzufangen und auszubauen. Daher habe ich jedem Geschäftsmann für den Hausbau (...) in dem angelegten Marktort eine Hofstätte (ca. 30 x 15 m) zugeteilt und angeordnet, dass mir und meinen Nachkommen von jeder Hofstätte ein Schilling gängige Währung als Zins jährlich am Fest des heiligen Martin (11. November) zu zahlen ist. Es sei nun allen kundgetan, dass ich ihnen auf ihren Antrag und Wunsch folgende Vorrechte zugestanden habe. (...)
- Ich verspreche also allen, die meinen Marktort aufsuchen, im Bereich meiner Macht und Herrschaft Frieden und sichere Reise. (...)
- Wenn einer von meinen (Bürgern) stirbt, darf seine Frau mit ihren Kindern alles besitzen und ohne jede Bedingung alles, was ihr Mann hinterließ, behalten. (...)
- Ich werde meinen Bürgern niemals ohne Wahl einen anderen Vogt (Ver-

Eine Ansicht von Erfurt aus dem 15. Jh.

walter) und einen Priester vorsetzen, sondern, wen immer sie dazu wählen, werden sie von mir bestätigt bekommen.

– Auch darf jeder, der an diesen Ort kommt, hier frei wohnen, wenn er nicht jemandes Knecht ist (...). Wenn einer aber über Jahr und Tag in der Stadt gewohnt hat, ohne dass irgendein Herr ihn als Leibeigenen gefordert hat, soll er sich fortan sicherer Freiheit erfreuen. (...)"

(Borst, A.: Lebensformen, S. 396 f.)

A1 Versetze dich in die Lage eines Freiburger Kaufmanns, der einem Freund in einem Brief von den Vorteilen, die er durch die Stadtgründung erhält, berichtet.

A2 Schließe aus dem, was Konrad den Frauen zusagte, auf die Situation der weiblichen Bevölkerung auf dem Land.

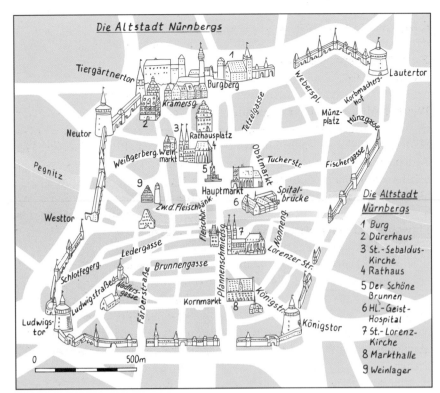

Die Altstadt Nürnbergs

1 Burg
2 Dürerhaus
3 St.-Sebaldus-Kirche
4 Rathaus
5 Der Schöne Brunnen
6 HL.-Geist-Hospital
7 St.-Lorenz-Kirche
8 Markthalle
9 Weinlager

Straßenplan des mittelalterlichen Nürnbergs

Stadtansicht von Nürnberg (1492)

Auch wenn seit dem 12. Jahrhundert zahlreiche Stadtgründungen in Mitteleuropa erfolgten und sich die gewachsenen Städte weiter entwickelten, lebte der weitaus größte Teil der Menschen weiterhin auf dem Land. Köln, die größte deutsche Stadt im Mittelalter, hatte nur etwa 40 000 Einwohner. Die meisten mittelalterlichen Städte waren kleiner als heutige Dörfer.

Einwohnerzahlen deutscher Städte:

	Einwohnerzahl im 15. Jh.	Einwohnerzahl 1997
Köln	40 000	963 000
Nürnberg	20 000	499 000
Magdeburg	20 000	271 000
Erfurt	18 500	201 000
Hamburg	12 000	1 703 000
Dresden	3 000	479 000

A1 *Erkundige dich, wie viele Einwohner in deinem Wohnort leben. Vergleiche die Zahl mit der Tabelle.*

In den aufblühenden Städten hatten reich gewordene Kaufleute und Handwerker in politischen Fragen zunächst keine Mitsprache. Die Stadt wurde vom Stadtherrn oder in seinem Auftrag von einem Vogt verwaltet. Wegen zu hoher Abgaben und mancher Bestimmungen, die die Bürger in ihren Geschäften behinderten, kam es an vielen Orten zu Aufständen gegen den Stadtherrn. Nach langen Auseinandersetzungen gelang es den Bürgern, in zahlreichen Städten mitbestimmen zu können. Die Oberschicht aus reichen Bürgern bildete einen Rat und verwaltete nun die Stadt selbst. Die prachtvollen Rathäuser, die damals gebaut wurden, kann man in manchen Städten noch heute bewundern.

Der Brandenburger Roland, Zeichen für „Recht und Ordnung" innerhalb der Stadt

A2 *Weshalb waren geordnete Rechtsverhältnisse für Städte wichtig?*

A3 *Kennt ihr andere Roland-Statuen?*

Das Rathaus von Brandenburg

6.2 Sächsische Städte im Mittelalter: Sie haben viele Gesichter

6.2.1 Bischöfliche Stadt Wurzen

Eine alte, „gewachsene" Stadt ist die bischöfliche Stadt Wurzen. Sie verdankt ihre Entstehung einem alten Muldenübergang an der Hohen Straße. Die alte Königsstraße kam vom Westen her und führte über Großenhain, Bautzen, Görlitz bis nach Polen und weiter nach dem Osten. An der Muldenfurt wurde eine Burg errichtet, die der Bischof von Meißen im 11. Jahrhundert übernahm. Handwerker und Dienstleute siedelten sich im Schutz der Burg an. Bald kamen Fernkaufleute nordöstlich der Burg hinzu. Etwa zur gleichen Zeit, als flämische Bauern nach Kühren kamen, entstand in Wurzen eine planmäßig angelegte Stadt, die vom bischöflichen Stadtherrn das Marktrecht erhielt.

Schloss Wurzen heute. Foto von Käthe Just.

A1 *Welche besonderen Bedingungen führten zur Entstehung der Stadt Wurzen?*

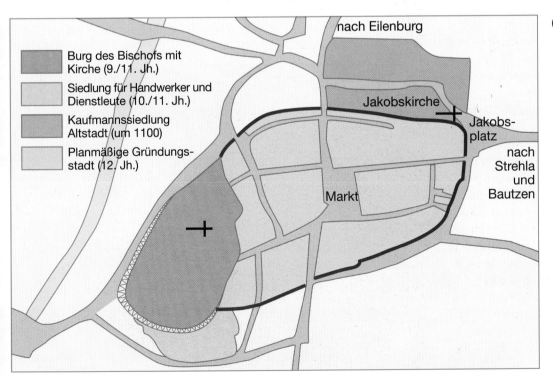

Burg des Bischofs mit Kirche (9./11. Jh.)

Siedlung für Handwerker und Dienstleute (10./11. Jh.)

Kaufmannssiedlung Altstadt (um 1100)

Planmäßige Gründungsstadt (12. Jh.)

nach Eilenburg

Jakobskirche

Jakobsplatz

nach Strehla und Bautzen

Markt

A2 *Erläutere anhand der Zeichnung, in welchen Schritten die Stadt Wurzen entstand.*

Entstehung der Stadt Wurzen

6.2.2 Freiberg und ein Berggeschrei

Eine ganz andere Entstehungsgeschichte hat die Bergstadt Freiberg. Sie verdankt ihre spätere Gründung einem Zufall aus dem Jahre 1168.

Q1 Lies selbst, was in einem Buch aus dem 16. Jahrhundert darüber steht:

„Als Fuhrleute aus Halle vierspännig, wie es heute auch noch geschieht, Salz unmittelbar durch das Meißner Land nach Böhmen fahren, wo dieses Gewürz noch heute nicht weniger als einst fehlt, sehen sie in den Räderspuren ein Stück Bleiglanz (...). Weil das dem Goslarer Silbererz sehr ähnlich sieht, werfen sie es auf den Wagen und nehmen es mit nach Goslar. Da es viel mehr Silber enthielt als das aus Goslar, begab sich eine Anzahl Bergleute an diesen Platz im Meißner Land, wo jetzt die bekannte und reiche Stadt Freiberg liegt. Ein Gerücht sich hält, und das Gerede der Leute rühmt, dass die Bergleute aus den Bergwerken reich geworden sind."
(Geschichte der Bergstadt Freiberg, S. 56)

A1 Welche Erklärung gibt die Quelle für die Ansiedlung von Bergleuten in Freiberg?

A2 Beschreibe die bergmännischen Arbeiten, die du auf den Abbildungen erkennst. Erläutere mögliche Gefahren für die Bergleute bei diesen Arbeiten.

Doch wem gehörte das Dorf, das einen so reichen Fund barg? Der Markgraf von Meißen, der es roden ließ, hatte es 1162 dem Kloster Altzella geschenkt.

Q2 In einer Urkunde erfahren wir, was der Markgraf unternahm:
„(...) weil im Gebiet des Klosters Silberadern gefunden sind, so haben wir durch unsere Güter eingelöst die Dörfer Tuttendorf, Christiansdorf, Berthelsdorf und den Teil eines Waldgebietes (...) was auf 118 Hufen berechnet ist."
(Geschichte der Bergstadt Freiberg, S. 63)

A3 Auf welche Weise erhält der Markgraf das Land zurück?

Nachdem der Markgraf die kaiserliche Erlaubnis zum Abbau des Erzes erhalten hatte, erhob sich ein Berggeschrei, das Bergleute herbeirufen sollte. Viele kamen aus der Stadt Goslar im heutigen Niedersachsen, deshalb hieß Christiansdorf bald „Sächsstadt". Die neue „Bergbaufreiheit" hatte sie nach Sachsen gelockt. Neben der Siedlung ließ Markgraf Otto eine Burg mit zwei dicken Türmen erbauen, die Berg-

Bergmann vor Ort

Bergleute bei der Arbeit (Darstellung aus dem 17. Jh.)

bau und Bergleute schützen sollte. Sehr schnell entstand auch eine Handwerker- und Kaufmannssiedlung, die alle Bewohner mit dem Nötigsten versorgte. Neben Handelsleuten hatten auch Bäcker, Fleischer, Schuster, Seiler, Kürschner, Böttcher, Wagner und Tischler ihr gutes Auskommen.

Ältestes Stadtsiegel von Freiberg

A1 *Vermute, warum sich gerade die im Text genannten Handwerker zuerst in der „Sächsstadt" ansiedelten.*

A2 *Gestaltet in der Gruppe ein Gespräch, in dem Bergleute aus Goslar darüber beraten, ob sie dem Berggeschrei folgen sollen oder nicht.*

Noch vor der Erweiterung der Stadt um den Obermarkt im 13. Jahrhundert gab ihr der Markgraf ein Stadtrecht. Freiberg war nun eine Stadt mit Märkten, Stadtmauer und Stadtrat. Teile der Mauer mit dem dicken Donatsturm lassen noch heute ahnen, wie gut die Bürger dahinter geschützt waren. Die Einkünfte aus dem Bergbau waren so gewaltig, dass man den markgräflichen Stadtherrn nun Otto den Reichen nannte. Freiberg wurde im 13. Jahrhundert mit seinen 5 000 Einwohnern zur wirtschaftlich wichtigsten Stadt seines Herrschaftsgebietes.

Obermarkt mit Rathaus aus dem 13. Jh.

A3 *Woran erkennst du, dass Freiberg eine planmäßig angelegte Stadt ist? Suche auffällige Gebäude heraus und deute sie.*

FRIBERGVM MISINÆ.

Stadtplan von Freiberg aus dem 16. Jh.

Da man auch an anderen Stellen im Erzgebirge Silber fand, entstanden im 13. und 14. Jahrhundert weitere Bergstädte, z. B. Dippoldiswalde und Wolkenstein.

A1 *Begründe, weshalb in der Nähe von Silbererzbergwerken sehr schnell Städte entstanden.*

6.2.3 Leipzig – beispielhafter Aufstieg einer Stadt

Das heutige Leipzig befindet sich in einer Gegend, die schon frühzeitig besiedelt war. Im Jahre 1050 wird eine Burg Libzi erwähnt, was so viel heißt wie „Ort bei den Linden". Die Burg war sehr gut befestigt. Kein Wunder, dass sich in ihrem Schutz bald Kaufleute und Handwerker ansiedelten. Einen weiteren Grund erfährst du aus der Karte.

Als deutsche Siedler in das Leipziger Gebiet kamen, nahm auch die Bevölkerung der kleinen Stadt zu. Der markgräfliche Burgherr, dem der Grund und Boden gehörte, auf dem sie entstanden war, stellte Leipzig um 1165 einen Stadtbrief aus. Darin verlieh er der Siedlung das hallisch-magdeburgische Recht. Damit hatten die Bürger Leipzigs folgende Vorteile: Sie konnten Grundbesitz nach Stadtrecht erwerben, ohne den Stadtherrn fragen zu müssen. Sie erhielten das Marktprivileg. Außerdem durfte im Umkreis von 15 Kilometern niemand einen Markt abhalten.

Damit konnten sich Handel und Handwerk in Leipzig gut entwickeln. Als der markgräfliche Stadtherr aber im Jahre 1216 diese Rechte einschränken wollte, setzten die Stadtbewohner sich energisch zur Wehr. Damit hatten sie Erfolg.

Leipziger Stadtbrief von um 1165. Die Urkunde ist nur so groß wie eine Postkarte. Sie enthält alle Rechte der Stadt.

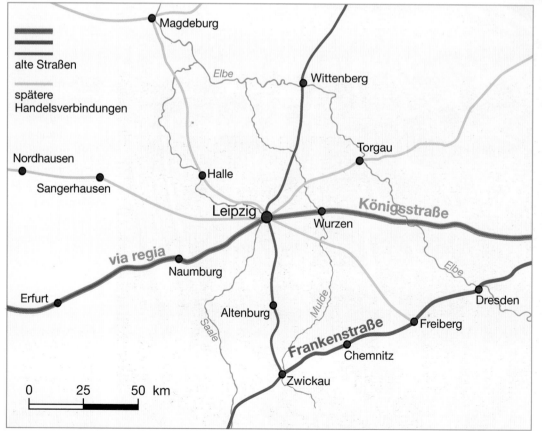

A2 *Suche auf der Karte die alten Straßen auf und finde heraus, in welche Richtungen sie in ihrer Verlängerung geführt haben.*

alte Straßen

spätere Handelsverbindungen

Magdeburg

Elbe

Wittenberg

Torgau

Nordhausen

Halle

Sangerhausen

Leipzig

Königsstraße

Wurzen

via regia

Naumburg

Erfurt

Altenburg

Saale

Mulde

Elbe

Dresden

Freiberg

Frankenstraße

Chemnitz

Zwickau

0   25   50 km

Leipzigs Lage als Handelszentrum

Der Stadtherr musste ihnen das Stadtrecht bestätigen und durfte keine neue Burg in der Nähe der Stadt bauen. Damit war seine Macht geschwächt. Das wollte er nicht hinnehmen. So drang er mit Hilfe einer List in die Stadt ein und ließ die Stadtmauer niederreißen. Drei Burgen errichtete er innerhalb der Stadt. Das war ein schwerer Schlag für die Bürger. Doch mit der Zeit konnten sie dem Markgrafen neue Zugeständnisse abringen. 1270 erlaubte er ihnen, zwölf Ratsherren zu bestimmen, die die Stadt nun selbst verwalten sollten. Sie taten alles,

was Handel und Handwerk in der Stadt förderte. Wann allerdings das erste Mal eine Messe abgehalten wurde, weiß man nicht genau. Aber Jahrmärkte, zu denen die Kaufleute von weit her kamen, gab es auf jeden Fall.

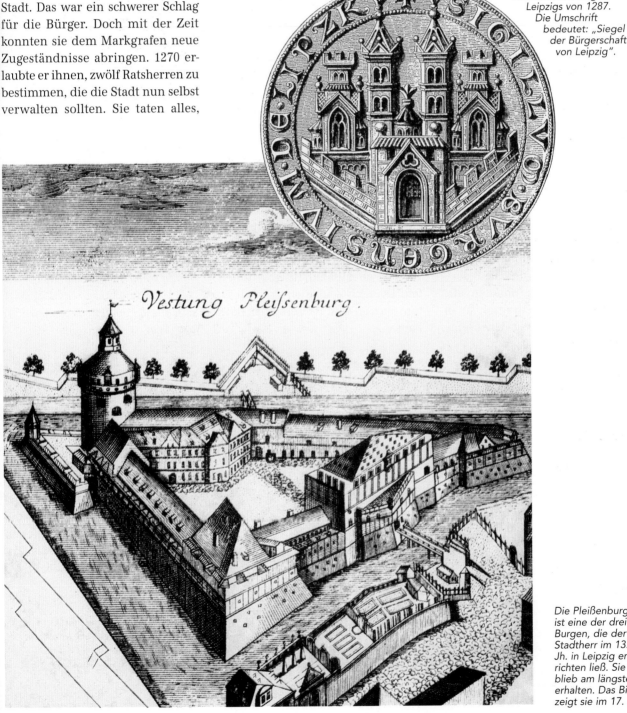

Ältestes Stadtsiegel Leipzigs von 1287. Die Umschrift bedeutet: „Siegel der Bürgerschaft von Leipzig".

Vestung Pleißenburg.

Die Pleißenburg ist eine der drei Burgen, die der Stadtherr im 13. Jh. in Leipzig errichten ließ. Sie blieb am längsten erhalten. Das Bild zeigt sie im 17. Jh.

Q3 Schon 1268 stellt der Markgraf ein Urkunde aus, in der es sinngemäß heißt:

„(...) *dass alle Kaufleute, woher sie auch kommen mögen, wenn sie Kaufmannswaren in unserer Stadt kaufen oder verkaufen wollen, vollen Schutz genießen, selbst dann, wenn wir mit den Landesherren dieser Kaufleute in offener Fehde (Streit) liegen.*"

(Czok, K.: Das alte Leipzig, S. 27)

A1 *Welche Wirkung konnte deiner Meinung nach dieses Versprechen haben?*

Kaufleute aus fernen Ländern treffen sich in Leipzig (Darstellung aus dem 18. Jh.)

In Leipzig konnte man vieles kaufen: Silber und Zinn aus dem Erzgebirge, Leinwand aus Augsburg, englische und flandrische Tuche, Weine aus dem Rheinland, Gewürze aus dem Orient, Pelze aus Russland usw. 1507 ließen sich die Leipziger Bürger von Kaiser Maximilian ein Messeprivileg ausstellen und das Stapelrecht erteilen. Nun mussten alle Kaufleute ihre Waren, wenn sie in die Gegend von Leipzig kamen, einige Tage in der Stadt ausstellen, bevor sie weiterzogen. Einige Leipziger Handelskaufleute wurden später so reich, dass sie zu Unternehmern wurden oder Bankhäuser gründeten. Deutlich zeigt sich der Reichtum auch an dem 1556 erbauten Rathaus.

A2 *Überlege, woher die Kaufleute stammen könnten und womit sie wohl gehandelt haben. Suche auf einer Karte mögliche Wege, wie sie nach Leipzig gekommen sein könnten.*

A3 *Stelle zusammen, was die Entwicklung der Stadt in ihren ersten Jahrhunderten begünstigte.*

Altes Rathaus in Leipzig

6.3 Leben in der mittelalterlichen Stadt

Der Mittelpunkt der mittelalterlichen Stadt war der Marktplatz. Neben dem Hauptmarkt gab es auch häufig kleinere Märkte für bestimmte Waren. An den verschiedenen Marktständen konnten sich die Bürger alles besorgen, was sie zum Leben brauchten.

A4 *Schaut euch das Bild rechts genau an. Welche Berufe könnt ihr erkennen?*

A5 *Beachtet die Kleidung der Marktbesucher. Welche Unterschiede findet ihr?*

Ein Säulendiagramm lesen

Ein Diagramm stellt eine zeichnerische Veranschaulichung von Zahlen dar. Der Vorteil besteht darin, dass das Wesentliche sofort auffällt und man sich Zusammenhänge oder Entwicklungen besser einprägen kann.

In dem Diagramm sind auf der waagerechten Achse Jahreszahlen angebracht. Zunächst muss man sich vergegenwärtigen, um welchen Zeitraum es sich handelt. Bei unserem Beispiel handelt es sich um den Zeitraum von 1150 bis 1600. Die senkrechte Achse zeigt die Anzahl der Stadtentstehungen.

Hat man das erkannt, kann man für die Jahre zwischen 1150 und 1600 feststellen, wie viele Städte jeweils entstanden sind. Nicht ablesbar ist der Raum, für den dieses Diagramm zutrifft. Deshalb steht als Zusatz-

information, dass es sich um die Stadtentstehung in Mitteleuropa handelt.

Es fällt auf, in welchem Zeitraum in Mitteleuropa die meisten Städte entstanden sind. Warum das so war, ist jedoch nicht zu sehen. Um das herauszufinden, musst du die Texte dieses Kapitels lesen. Man muss bei

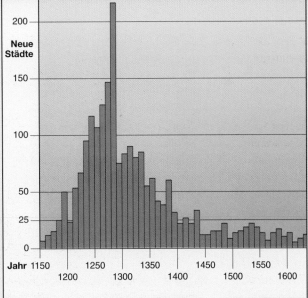

Stufen der Stadtentstehung in Mitteleuropa

A1 In welchem Jahrhundert entstanden in Mitteleuropa die meisten Städte?

A2 Ordne die Gründung von Dresden, Leipzig und Freiburg im Breisgau in diese Grafik ein.

A3 Erkundige dich, in welchem Jahr eine Stadt in deiner Umgebung entstanden ist, und ordne sie ebenfalls der Grafik zu.

einem Diagramm also aufpassen, dass man nicht etwas herausliest, was gar nicht da ist. Die Tatsache, dass um das Jahr 1300 viele Städte entstanden, sagt nicht aus, dass die meisten Menschen in Städten wohnten. Nur etwa 10% der Bevölkerung lebten damals in Städten.

So stellt sich ein Maler aus unserer Zeit einen mittelalterlichen Markt vor.

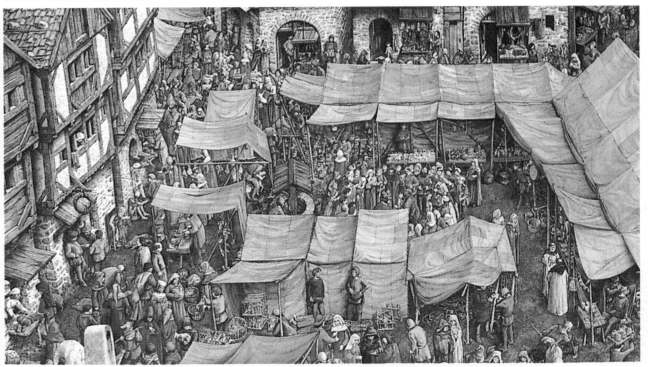

Aus diesem Text aus dem 15. Jahrhundert kannst du erfahren, was ein Ehepaar aus Passau in einem Jahr gekauft hat:

Q1 „Es ist zu merken, was ein Mann, sein Weib und ihre Magd zu Passau in einem Jahr benötigten: (...) drei Personen müssen für Brot alle Wochen vier Pfennige haben. Das macht in einem Jahr sieben Pfund. (...)
Für allerlei Fleisch im Jahr: zwölf Pfund. Alle Tage Wein um zwölf Pfennige macht im Jahr acht Pfund achtundvierzig Pfennige. Für Kraut zwölf Schillinge; ebenso viel für Milch, für Schuh, für das Bad und allerlei Lichter.
Alle Wochen für Milchrahm und Käse zwanzig Pfennige, macht im Jahr vier Pfund achtzig Pfennige.
Für Holz, Schmalz und Salz fünf Pfund. (...) für Äpfel, Birnen, Rüben vier Schillinge; um allerlei zum Naschen (...) zehn Schillinge.
Einem Mann für Hemd, Unterhosen und Hosen drei Pfennige; für Ergänzung des Leib- und Bettgewandes für Mann und Frau vier Pfund.

So bedarf eine Frau heimlich von ihrem Mann ein Pfund.
(...) zu Opfer, Beichte und allerlei geistlicher Ordnung zwei Pfund.
Für Schüssel, Teller, Löffel, Häfen, Topfdeckel und Nachttöpfe drei Schillinge.
Zusammen macht das für drei Personen in einem Jahr einundsiebzig Pfund, sechs Schillinge und acht Pfennige."

(Hardach, G./Schilling, I.: Das Buch vom Markt, S. 72)

A1 Welcher Gesellschaftsschicht wird dieses Ehepaar vermutlich angehört haben? Begründe deine Antwort.
A2 Zähle diejenigen Erzeugnisse auf, die in der Stadt hergestellt und gehandelt wurden. Welche Waren mussten wahrscheinlich von weit her gebracht werden?

Ein Handwerksmeister hatte damals einen Wochenlohn von etwa einem Pfund, ein Geselle nur ungefähr zehn Schillinge.

A3 Vergleiche den Stand mit einem Fischstand aus unserer Zeit.

Ein Pfund entspricht einem Gulden. In dem Namen Gulden steckt das Wort Gold, was darauf hindeutet, dass es sich um eine Goldwährung handelte. Die Untereinheiten des Pfundes waren Schillinge und Pfennige.

1 Pfund	= 20 Schillinge
	= 240 Pfennige
1 Schilling	= 12 Pfennige

6.4 Der Rat

Seit dem späteren Mittelalter leiteten vielerorts Ratsherren die Geschicke der Stadt. Neben dem Bürgermeister übernahmen auch andere Mitglieder des Stadtrates Aufgaben als Stadtschreiber, Richter, Waagmeister oder Baumeister. Wieder andere waren für das Einziehen der Steuern, die Erhebung von Zöllen und die Gewerbeaufsicht zuständig. Ratsherr konnte nur werden, wer zur städtischen Oberschicht zählte. Meist waren die Ratsmitglieder reiche Fernkaufleute und in manchen Städten auch erfolgreiche Handwerksmeister. Frauen hatten keine Möglichkeit in den Stadtrat zu gelangen.

Konstanzer Marktstand aus dem 15. Jh.

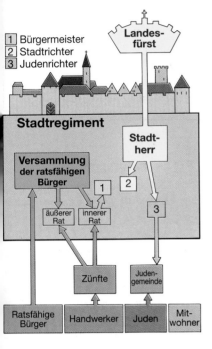

Schema Stadtregiment:
1 Bürgermeister
2 Stadtrichter
3 Judenrichter

Landes-fürst
Stadtregiment
Stadt-herr
Versammlung der ratsfähigen Bürger
äußerer Rat — innerer Rat
Zünfte — Juden-gemeinde
Ratsfähige Bürger — Handwerker — Juden — Mit-wohner

Eine Patrizierfamilie (15. Jh.)

Seit sich die Bürger selbst verwalteten, wurde der Ausruf „Stadtluft macht frei" zu einer geläufigen Redensart. Stellt man die Lebensbedingungen der Stadtbewohner denen der Bauern gegenüber, mag das stimmen. Ein Mensch der Gegenwart würde die Vielzahl der Verordnungen und Bestimmungen aber bestimmt nicht als Freiheit empfinden.

6.5 Kaufleute und Handwerk in der Stadt

Die Stadtbevölkerung gliederte sich in verschiedene Gesellschaftsschichten. Von Gleichheit konnte in der mittelalterlichen Stadt keine Rede sein.

A2 *Erläutere, wie sich das Vermögen in Nürnberg verteilte. Wie denkst du darüber?*

Vermögensverteilung in Nürnberg (15. Jh.)

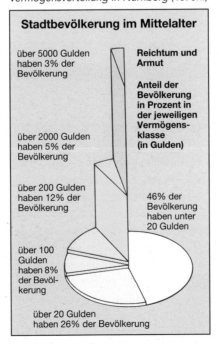

Stadtbevölkerung im Mittelalter

über 5000 Gulden haben 3% der Bevölkerung

über 2000 Gulden haben 5% der Bevölkerung

über 200 Gulden haben 12% der Bevölkerung

über 100 Gulden haben 8% der Bevölkerung

über 20 Gulden haben 26% der Bevölkerung

Reichtum und Armut

Anteil der Bevölkerung in Prozent in der jeweiligen Vermögensklasse (in Gulden)

46% der Bevölkerung haben unter 20 Gulden

Die vermögenden Bürger, die ratsfähig waren, nennt man auch Patrizier. Unter ihnen waren viele Fernkaufleute, die in den Wirtschaftszentren ganz Europas Handelsgüter umsetzten. Die Kaufleute einer Stadt vereinigten sich in Gilden, um ihre Interessen besser durchsetzen zu können. Oft schlossen sich Kaufleute einer oder mehrerer Familien zu Handelsgesellschaften zusammen und gründeten Niederlassungen in weit entfernten Handelsstädten. In Deutschland waren die Messe in Frankfurt am Main und seit dem 15. Jahrhundert auch die Leipziger Messe bedeutende Umschlagplätze. Süddeutsche Kaufleute reisten bevorzugt nach Venedig, um von dort Pfeffer und Baumwolle aus dem Orient zu erwerben.

Der Augsburger Kaufmann Burkard Zink, der 1396 in Memmingen geboren wurde, schrieb in seiner Lebensbeschreibung (Autobiografie):

Q1 „Als man das Jahr 1419 schrieb, kam ich nach Augsburg zu einem reichen Mann, Jos Kramer, der ein gewaltiger Mann hier war. (...) Er trieb Handel mit Pelzwerk von der Steiermark, auch anderen Handel von Venedig wie Wolle und anderes. (...) Dem trieb ich sein Gewerbe nach Venedig, Frankfurt und Nürnberg. (...) Danach im Jahre 1431 dachte ich, ich wäre reich, und es verdross mich, so viele Wege zu reiten. Und ich gedachte, ob ich eine Anstellung daheim in der Stadt haben könnte, dass ich nicht mehr so arbeiten müsste. Nun fügte es sich zufällig, dass einer, (...) der an der Waage war, davon ging, sodass Peter Egen (der Bürgermeister von Augsburg) keinen Waagmeister hatte. Er schickte zu mir und ließ mich fragen, ob ich sein Waagmeister sein wollte, er wollte mir gütlich tun. Also in Kürze versprach ich mich ihm und wurde sein Diener, er gab mir 53 Gulden im Jahr. Und man muss wissen, dass er mir erlaubte,

Das Standbild von Burkard Zink wurde im 19. Jh., fast 400 Jahre nach seinem Tod, in der Geburtsstadt des Kaufmanns errichtet. In der linken Hand hält Zink ein Buch als Zeichen dafür, dass er auch als Chronist tätig war.

nach Venedig zu reiten, wann ich wollte. Also ritt ich alle Jahre mindestens ein- oder zweimal nach Venedig und trieb mein Gewerbe also an der Waage wie zuvor (...)"

(Frenzdorff, F.: Die Chroniken der dt. Städte, S. 128 ff.)

A1 Warum reiste Burkard Zink nach Venedig?

A2 Auf welche Weise änderte sich das Leben des Kaufmanns im Jahre 1431?

A3 Vergleiche das Jahresgehalt, das Zink für seine Tätigkeit als Waagmeister erhielt, mit den Ausgaben des Ehepaares in Q1, S. 58.

Die Einwohner der Städte und der umliegenden Dörfer waren auf die Erzeugnisse der verschiedenen Handwerkszweige angewiesen. Bäcker, Metzger, Schneider, Schuster und Schmiede gab es in jeder Stadt. Für die aufwendigen Gebäude wurden Bauhandwerker benötigt. In manchen Städten siedelten sich Gewerbe an, die nicht nur für die Menschen der Umgebung, sondern auch für die Ausfuhr in weiter entfernte Gebiete arbeiteten. Besonders in der Textil- und der Metallbranche fächerte sich das Handwerk in verschiedene Zweige auf. Für die unterschiedlichen Anforderungen reichte es nicht mehr, nur einen Schmied zu haben. Bald gab es in den Städten Huf-, Kupfer-, Gold- und Waffenschmiede, Schlosser, Drahtzieher und Nadler. Die Arbeitsteilung nahm ständig zu.

Jeder, der einen handwerklichen Beruf ausüben wollte, musste Mitglied in einer Zunft sein. Durch diese Zusammenschlüsse wurden Art und Weise der Ausbildung und Ausübung des Handwerks geregelt. Bevor man Meister werden konnte, musste man zuerst als Lehrling und

GEWUSST WIE!

Was ist eine Autobiografie?

In einer Autobiografie schreibt eine Person über ihr eigenes Leben. Der Vorteil dieser Quellenart ist, dass wir Informationen aus erster Hand erhalten. Über das alltägliche Leben von Menschen kann man darin viel erfahren. Außerdem ist die Sprache einer Autobiografie meistens lebendiger und spannender, als dies beispielsweise bei Urkunden der Fall ist. Die Verfasser wollten ihrer Nachwelt, aus den unterschiedlichsten Gründen, etwas über ihr Leben mitteilen. Bei Autobiografien ist aber auch Vorsicht geboten. Da die Schreiber sich gerne in ein gutes Licht rücken und manche Ereignisse nur aus ihrer Sicht erzählen, darf man nicht zu leichtgläubig sein. Man muss also besonders kritisch an die Textarbeit gehen.

Handwerkerfamilie (15. Jh.)

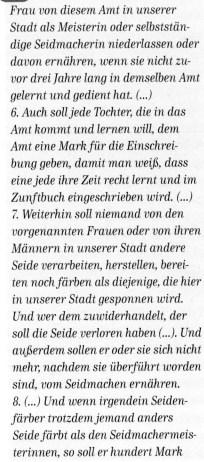

Q2 „1. Zum Ersten soll sich keine Frau von diesem Amt in unserer Stadt als Meisterin oder selbstständige Seidmacherin niederlassen oder davon ernähren, wenn sie nicht zuvor drei Jahre lang in demselben Amt gelernt und gedient hat. (...)

6. Auch soll jede Tochter, die in das Amt kommt und lernen will, dem Amt eine Mark für die Einschreibung geben, damit man weiß, dass eine jede ihre Zeit recht lernt und im Zunftbuch eingeschrieben wird. (...)

7. Weiterhin soll niemand von den vorgenannten Frauen oder von ihren Männern in unserer Stadt andere Seide verarbeiten, herstellen, bereiten noch färben als diejenige, die hier in unserer Stadt gesponnen wird. Und wer dem zuwiderhandelt, der soll die Seide verloren haben (...). Und außerdem sollen er oder sie sich nicht mehr, nachdem sie überführt worden sind, vom Seidmachen ernähren.

8. (...) Und wenn irgendein Seidenfärber trotzdem jemand anders Seide färbt als den Seidmachermeisterinnen, so soll er hundert Mark

A1 Vergleiche die Handwerkerfamilie mit der Patrizierfamilie von S. 59. Was fällt dir auf?

A2 Es gab auch Frauen, die ein Handwerk ausübten. Beschreibe die Tätigkeit der Hafnerin.

dann als Geselle arbeiten. Die Zünfte überwachten die Qualität der Erzeugnisse, legten die Löhne und die Arbeitszeiten fest und versuchten, ihre Mitglieder vor Konkurrenz zu schützen. Gewerbefreiheit, wie in unserer Zeit, kannte das Mittelalter nicht.

In Leipzig gab es im 14. Jahrhundert 40 verschiedene Zünfte, ein Jahrhundert später waren es bereits 88. Manche Zünfte erlaubten es auch Frauen, Mitglied zu werden. Mancherorts konnte man sogar reine Frauenzünfte vorfinden. In dem Amtsbrief vom 20. Juni 1469 kannst du einige Artikel aus der Verfassung der Kölner Seidenmacherinnen lesen:

Hafnerin an der Töpferscheibe. Die Abbildung stammt von einer Spielkarte aus dem Jahre 1450.

zur Buße geben und einen Monat im Turm unserer Stadt liegen. (...)

16. Weiterhin sollen alle Seidmacherinnen (...) kein Seidengut außerhalb Kölns oder an geistliche Personen in Klöstern und Konventen zum Spinnen geben. (...)

21. Wenn die Amtsmeister ein Gut finden, das kein taugliches oder kein Kaufmannsgut ist, so sollen sie das mitnehmen und vor das Amt bringen. Und das Gut soll derjenige, bei dem es gefunden wurde, selbst öffentlich in Stücke schneiden. (...)"

(Ketsch, P.: Frauen im Mittelalter, S. 191 f.)

A1 *Welche Voraussetzungen musste eine Frau erfüllen, bevor sie in Köln Seide herstellen durfte?*

A2 *Was wurde den Seidenmacherinnen alles verboten? Versuche, Begründungen dafür zu finden.*

Bestrafung eines betrügerischen Bäckers (16. Jh.)

Die Zünfte überwachten die Arbeit der Handwerker. Verstöße gegen die Zunftordnung wurden streng bestraft. Die Markt- und Gewerbepolizei unterzog Handwerksmeister und -meisterinnen regelmäßigen Kontrollen. Über einen Bäcker aus Leipzig wird 1468 berichtet:

Q3 *„Auf heute Sonnabend (...) hat der Rat einen Bäcker, Veitz genannt, auf der Hallischen Brücke sein Bürgerrecht aberkannt und dabei ernsthaft gesagt, dass er bei Sonnenaufgang sich aus der Stadt machen und nicht mehr hereinkommen noch backen solle, weil er sein Brot zu klein gebacken und (...) damit betrogen hat. (...)"*

(Ausgewählte Quellen zur dt. Geschichte des Mittelalters, Bd. 37)

A3 *Findest du die Bestrafung angemessen? Begründe deine Meinung.*

Die Zünfte, die man in manchen Gegenden auch Innungen nannte, haben zur wirtschaftlichen Blüte der Städte viel beigetragen. Aber politische Mitbestimmung wurde den meisten Zunftmitgliedern weiterhin verwehrt. Im Unterschied zu den Patriziern zählten sie nicht zu den ratsfähigen Familien. Damit waren die Handwerker jedoch nicht einverstanden. Nach einer Chronik hat sich in Magdeburg Folgendes zugetragen:

Q4 *„In dem Jahre 1330 war hier in der Stadt (Magdeburg) große Zwietracht zwischen der Mehrheit und den Reichesten, also den Gewandschneidern und den Krämern. Und die Reichesten kamen bewaffnet zusammen (...) und hatten bereits Stroh geladen auf Wagen und meinten, die Krämer zu verbrennen, und waren also zusammengekommen, dass sie sich untereinander erschießen.*

Das war, als Bischof Otto hier in der Stadt war, und konnte entwischen und brachte sich mit seinen Mannen mühevoll in ein Versteck. Und war berichtet worden, dass 36 vertrieben wurden, die in dem alten Rat gewesen waren. Und gleichzeitig wurde die Brauer- und die Bäckerinnung (vom Erzbischof) bestätigt und ein neuer Rat in dieser Weise, dass der Rat jedes Jahr gewählt wird aus allerlei Innungen."

(Hegel, C.: Die Chroniken der dt. Städte, Bd. 7, S. 200 f.)

A4 *Gestaltet ein Streitgespräch zwischen einem Magdeburger Krämer und einem Gewandschneider.*

A5 *Was hat sich nach der Bürgererhebung in der Verfassung von Magdeburg geändert?*

6.6 Unterschichten und Randgruppen

Die große Mehrheit der Stadtbewohner zählte zur Unterschicht. Diese Menschen mussten ihr Leben in sehr ärmlichen Verhältnissen verbringen. Sie wohnten meist in beengten Hinterhöfen, lebten von der Hand in den Mund und besaßen kein Bürgerrecht. Handwerksgesellen, Kaufmannsgehilfen, Tagelöhner und Gelegenheitsarbeiter zählten ebenso zur Unterschicht wie Torwächter, Türmer, Nachtwächter und andere niedrige städtische Angestellte. Im größten Elend lebten die Bettler, die in jeder mittelalterlichen Stadt in Scharen auftraten.

Auf der untersten Stufe der städtischen Gesellschaft standen die „unehrlichen Leute". Das waren Personen, die verachtete Berufe ausübten, wie die Totengräber, Henker, Dirnen und Abdecker.

A1 *Erkläre die einzelnen Berufe und sprich über ihre Bedeutung.*
A2 *Versuche zu erklären, weshalb der Mann bettelt.*

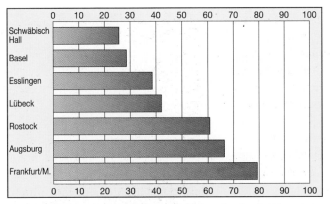

Anteil der Unterschichten in mittelalterlichen Städten in %

Bettler (Altarbild um 1480)

Die seit dem späteren Mittelalter stark wachsenden Städte zogen auch Geistliche an. Mitglieder von Bettelorden, vor allem Franziskaner und Dominikaner, kamen in die betriebsamen Städte. Dadurch unterschieden sie sich von Orden wie den Zisterziensern, die die Einsamkeit suchten. Bettelorden verzichteten auf Eigentum und lebten hauptsächlich von Almosen. Sie predigten, bekämpften Ketzer (Andersgläubige) und kümmerten sich um Arme und Kranke. In Spitälern wurden Kranke zum Teil auch von Beginen gepflegt. Beginen waren Frauen, die in einer klosterähnlichen Gemeinschaft lebten. Sie betätigten sich auch im Textilgewerbe, unterlagen aber nicht dem Zunftzwang. Den Bürgern waren die Beginen deshalb oft ein Dorn im Auge.

A3 *Vergleiche mit einem heutigen Krankenhaus.*

Ein Spital im Spätmittelalter (15. Jh.)

6.7 Die Ausgrenzung der Juden

Juden standen am Rande der städtischen Gesellschaft. Sie wurden von vielen Christen verachtet und gehasst. Wegen ihres anderen Glaubens durften sie nicht mit der übrigen Bevölkerung wohnen. Sie wurden in bestimmten Vierteln, den Gettos, angesiedelt. Damit sie von jedermann erkannt werden konnten, mussten die Juden einen spitzen Hut und einen gelben Flecken auf ihrer Kleidung tragen. In Zünfte wurden jüdische Personen nicht aufgenommen, sodass es ihnen unmöglich war, ein Handwerk auszuüben. Es blieb den Juden oft nichts anderes übrig, als ihren Lebensunterhalt mit Geld- und Pfandleihe sowie Handel zu verdienen. Den Christen war es nämlich verboten, gegen Zinsen Geld zu verleihen. So konnten jüdische Geschäftsleute diese Marktlücke ausfüllen. Meist war der Bildungsstand der Juden höher als der anderer Stadtbewohner, sodass es viele jüdische Ärzte und Gelehrte gab. Die große Mehrheit der christlichen Einwohner konnte weder lesen noch schreiben. Wenn in einer Stadt ein Unglück oder ein Verbrechen geschah, wurde das oft den Juden in die Schuhe geschoben. Da sie Außenseiter waren, eigneten sich Juden gut als Sündenböcke. Ausschreitungen gegenüber Juden, sogenannte Pogrome, waren die Folge.

Juden mussten sich durch eine spezielle Kleidung kenntlich machen. Hier durch den hohen „Judenhut".

Wohltätigkeit in der jüdischen Gemeinde

Von 1347 bis 1351 wütete die große Pestwelle in Europa. In vielen Städten löste das schreckliche Verfolgungen (Pogrome) gegen die jüdischen Bewohner aus:

Q1 In einer zeitgenössischen Chronik heißt es:

„Im selben Jahr (1349) (...) wurden die Juden in allen Städten, Burgen und Dörfern Thüringens erschlagen, nämlich in Gotha, Eisenach, Arnstadt, Ilmenau, Nebra, Wiehe, Tennstedt, Hersleben, Thamsbrück, Frankenhausen und Weißensee, weil sie Quellen und Brunnen verseucht hatten, wie damals für erwiesen galt, weil viele Säcke voll Gift in den Brunnen gefunden worden sein sollten.
Im selben Jahr wurden die Juden in Erfurt entgegen dem Willen des Rates von der Bürgerschaft erschlagen, hundert oder mehr. (...)
Mögen sie in der Hölle ruhn. Man sagt auch, sie hätten in Erfurt die Brunnen und die Gera vergiftet und auch Heringe, sodass niemand in den Fasten davon essen wollte und keiner der reichesten Bürger mit

Während eines Pogroms werden Juden verbrannt. Aus der Schedelschen Weltchronik aus dem 15. Jh.

Q1 *„Erstlich bin ich zu Nürnberg im Spital in die Lateinschule gegangen, danach bald herausgenommen und zu einem deutschen Lehrer, genannt der Guldenschreiber, gelassen worden, von dannen in die Rechenschule zu einem, genannt Kolberger, gelassen worden. Und als ich ungefähr 13 Jahre alt gewesen, bin ich (...) gen Venedig geritten, wo ich drei Jahre lang in der Lehre (...) gewesen bin und alle Jahre einem Italiener 24 Dukaten für die Kost gegeben habe. (...) Als ich ungefähr 18 oder 19 Jahre gewesen bin, tat mich mein Vater nach Gräfenthal auf die (Eisen-) Hütte; und als sie einen Diener zu Eisleben hatten, der von ihnen ging, wurde ich nach Eisleben geschickt, um den Handel zu verwalten. (...)"*

(Wenzel, H.: Die Autobiografie, Bd. 2, S. 78 f.)

Wasser kochen ließ. Ob sie Recht haben, weiß ich nicht. Eher glaube ich, der Anfang ihres Unglücks war das unendlich viele Geld, das Ritter, Bürger und Bauern ihnen schuldeten. (...)

Im selben Jahr und am selben Tag wurden die Juden in Mühlhausen auf gleiche Weise wie in Erfurt getötet und sind fast in ganz Deutschland umgebracht worden. (...)"

(Ausgewählte Quellen zur dt. Geschichte des Mittelalters, Bd. 37)

A1 Welche Meinung hat der Autor dieses Textes von der jüdischen Bevölkerung?

A2 Aus welchen Gründen hat man deines Erachtens die Juden ermordet?

A3 Sage deine Meinung zur Behandlung der Juden.

A4 Woran kann man auf dem Bild oben erkennen, dass die Opfer Juden sind?

6.8 Schule und Bildung

Im früheren Mittelalter waren es fast ausschließlich Geistliche, die lesen und schreiben konnten. Mönche und Priester wurden an Dom- und Klosterschulen ausgebildet. Dort lernte man Latein und beschäftigte sich mit religiösen Inhalten. In der Zeit der städtischen Selbstverwaltung war es notwendig, dass auch die späteren Ratsherren eine Schulbildung erhielten. Kaufleute mussten Briefe schreiben, ihre Buchführung erledigen und rechnen können. Aber wo lernte man das? Mit Latein und Theologie war diesen Leuten nicht gedient.

Der Kaufmann Christoph Fürer, der 1479 in Nürnberg geboren wurde, schrieb in seinen Lebenserinnerungen, welche Ausbildung er in seiner Jugend erfahren hat:

A5 Lies zuerst in der Methodenschulung „Autobiografie" (S. 58) nach, was man über diese Quellenart wissen sollte.

A6 Beschreibe die Ausbildung des Nürnberger Fernkaufmanns. Was tat Christoph Fürer, als er in deinem Alter war?

Die erste deutsche Universität wurde 1348 vom böhmischen König Karl IV. in Prag gegründet. Einige Zeit später folgten unter anderem die Universitäten in Wien, Heidelberg, Köln und Erfurt. 1409 entstand eine Universität in Leipzig. Die ersten Lehrer und Studenten kamen von der Universität aus Prag. Bald studierten hier junge Leute aus der Umgebung, aber auch aus Polen, der Lausitz, Thüringen sowie dem Bereich der Hanse. Es konnten nur Wissenschaften studiert werden, die von der Kirche gebilligt wurden. Das waren Theologie, Jura, Medizin und Philosophie.

Für Frauen war es kaum möglich, Universitäten zu besuchen. Allerdings lernten viele Bürgerstöchter in deutschen Schreibschulen von Privatlehrern oder von Beginen lesen und schreiben.

A1 *Vergleiche die „Schulstube" mit deinem Schulunterricht. Beschreibe, was die einzelnen Personen gerade tun.*

Schulmeister und seine Frau in der „Schulstube" in seinem Haus

6.9 Städte verbünden sich

Die Bauern des Umlandes versorgten die Stadt mit Nahrungsmitteln, Kaufleute brachten Waren aus weiter Ferne und kauften die Erzeugnisse der Handwerker. Auf den Handelswegen war es im späteren Mittelalter aber sehr gefährlich. Weltliche und geistliche Fürsten, die ihre Herrschaft vergrößern wollten, versuchten, sich die Städte einzuverleiben. Außerdem machten verarmte Adelige die Gegend als Raubritter unsicher. In manchen Regionen verbündeten sich wichtige Städte, um ihre Unabhängigkeit zu wahren und die Wege sicherer zu machen. So gründeten 1346 sechs Städte den Oberlausitzer Städtebund.

Q1 Aus der Gründungsurkunde des Oberlausitzer Städtebundes:
„Wir Bürgermeister, Ratsmänner und Bürgergemeinde der Stadt Lauban tun zu wissen allen denen, die diesen Brief sehen oder hören lesen, dass die Städte Görlitz, Lauban, Zittau, Bautzen, Löbau und Kamenz, des edlen hochgeborenen Königs von Böhmen unseres gnädigen Herren,

großen lästigen Schaden von Räubern und von anderen bösen Leuten empfangen haben. (...)"
(Quellen zur älteren Geschichte des Städtewesens, Teil 1, S. 254 f.)

A2 *Warum verbündeten sich die Städte?*

Ein besonders mächtiger Städtebund, die Hanse, entstand aus dem Zusammenschluss von Fernkaufleuten aus dem Norden Deutschlands. Die Hansestädte trieben später im gesamten Nord- und Ostseeraum Handel. Der Hanse gehörten in ihrer Blütezeit im 14. Jahrhundert etwa 200 Städte an. In wichtigen Handelszentren, die nicht der Hanse angehörten, eröffneten die hanseatischen Kaufleute Niederlassungen, die man Kontore nannte. Bekannte Kontore waren der Stalhof in London, die Deutsche Brücke in Bergen und der Petershof im russischen Nowgorod. Der Schiffstyp, mit dem die Fernkaufleute aus den Hansestädten die See befuhren, war die Kogge. Die Kogge war dickbauchig, damit man mehr Waren laden konnte. Aufgrund des Heckruders war der Schiffstyp dennoch besonders wendig.

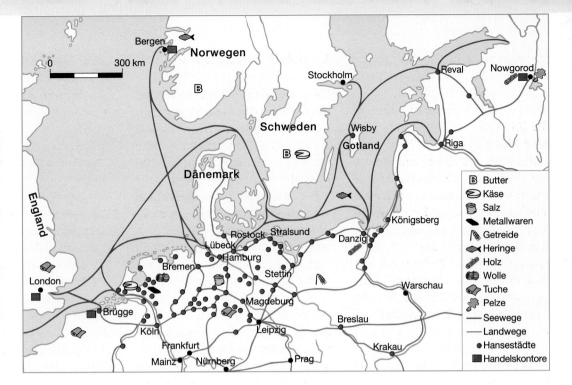

Handelsstraßen, Handelsgüter und Niederlassungen der Hanse

A1 *Nenne Handelsgüter, die hanseatische Kaufleute in London, Bergen und Nowgorod kaufen konnten.*

A2 *Beschreibe Menschen und Schiffe. Wo kannst du eine Kogge entdecken?*

Hamburger Hafen um 1497

Map labels: Bergen, Norwegen, Stockholm, Reval, Nowgorod, Schweden, Wisby, Gotland, Riga, Dänemark, Königsberg, England, Rostock, Stralsund, Danzig, Lübeck, Hamburg, Bremen, Stettin, Warschau, London, Magdeburg, Brügge, Köln, Leipzig, Breslau, Frankfurt, Krakau, Mainz, Nürnberg, Prag

0 — 300 km

Legend:
B Butter
Käse
Salz
Metallwaren
Getreide
Heringe
Holz
Wolle
Tuche
Pelze
— Seewege
— Landwege
• Hansestädte
■ Handelskontore

Auch die Hansestädte hatten allerhand Mühe damit, die Handelswege auf See zu sichern:

Q2 „*Im Jahre 1402 fochten die England-Fahrer der Stadt Hamburg auf See mit den Seeräubern, die sich Vitalienbrüder nannten, und behielten den Sieg. Sie schlugen an die vierzig tot und fingen an die siebzig bei Helgoland. Sie brachten die Gefangenen alle mit nach Hamburg und ließen ihnen die Köpfe abschlagen. Diese steckten sie an der Elbe auf eine Wiese zum Zeichen, dass die Gerichteten die See beraubt hatten. Die Hauptleute dieser Vitalienbrüder hießen Wichmann und Klaus Störtebeker. (...)*"
(Bühler, I.: Bauern, Bürger, Hanse, S. 310)

A3 *Vergleiche mit heutigen Strafen.*

Die Hanse ist im Bewusstsein der Menschen lebendig geblieben. Dafür sorgten zahlreiche Legenden, aber auch der Name, der noch heute benutzt wird: z. B. Hansestadt Stralsund.

A4 *Sicherlich fallen dir weitere Bezeichnungen ein, die an die Hanse erinnern.*

Eine „Stadterkundung"

Vielleicht gibt es in der Nähe eures Wohnortes eine Stadt, deren Ursprung bis ins Mittelalter zurückreicht, wenn ihr nicht sogar in einer solchen Stadt lebt. Plant einen Besuch dieser Stadt, um sie zu erkunden.

Teilt eure Klasse in mehrere Gruppen auf. Versucht, möglichst viel über die mittelalterliche Stadt herauszufinden. Danach könnt ihr für eure Klassenkameraden einen geschichtlichen Lehrpfad durch die Stadt entwerfen.

Folgende Punkte sind bei einer Stadterkundung zu beachten:

- Das **Erscheinungsbild** der Stadt: Lage, Ummauerung, Straßennetz, Plätze, Gebäude.
- Das **Leben der Einwohner**: Berufe, Häuser (Größe/Baumaterial, Ausschmückungen), Alltag.
- Die **Bedeutung der Stadt**: Einwohnerzahl, Wirtschaftsleben, Bedeutung für das Umland.
- **Besonderheiten**: außergewöhnliche Gebäude, wichtige Ereignisse, Wirken bekannter Persönlichkeiten.

So könnt ihr über die einzelnen Punkte etwas erfahren:

- Ins Touristeninformationszentrum, Rathaus, Museum, in eine Buchhandlung oder Bücherei gehen und nach Broschüren sowie Stadtplänen fragen.
- Fachleute und Einwohner befragen.
- Macht euch selbst auf Spurensuche und achtet dabei besonders auf:
  - Jahreszahlen, Inschriften und Wappen auf Häusern
  - große Prunkbauten (Rathäuser, Kirchen, Klöster, Bürgerhäuser)
  - Straßennamen und Namen von Plätzen
  - Denkmäler, Grabsteine, Schrifttafeln.

Der Lehrpfad soll eine Wegstrecke durch den mittelalterlichen Stadtkern beschreiben und zu wichtigen Gebäuden, Plätzen oder Straßen führen.

A1 *So sahen Städte im Mittelalter aus. Versuche, Spuren davon im heutigen Stadtbild zu finden.*

Mittelalterliches Stadtbild (Rekonstruktion)

7 Der schwarze Tod bringt das große Sterben

Der deutsche Künstler Albrecht Dürer (1471–1528) aus Nürnberg hinterließ diesen Holzschnitt, der uns die Gemütslage der Menschen am Ende des Mittelalters verdeutlicht. Die vier Reiter sind Pest, Krieg, Hunger und Tod. Eine lähmende Angst hat die Menschen ergriffen.

A1 *Beschreibe das Bild. Wer liegt am Boden, über den die Reiter hinwegstürmen?*

A2 *Welche dieser Bedrohungen sind heute verschwunden, welche geblieben? Gibt es neue?*

Q1 Ein moderner Schriftsteller schildert den Ausbruch der Pest: *„Als die Galeere sich Messina näherte, brach der Mann, der das Steuerruder führte, zusammen und starb innerhalb von Minuten. Zwei Ruderknechte stießen ihn ins Meer und krochen wieder auf ihre Bänke. (...) In dem Gang zwischen den Ruderbänken lagen, noch angekettet, die Leichen, die über Bord zu werfen niemand mehr die Kraft besaß. Ihre nackten Körper waren bedeckt mit schwarzen Flecken. Aus beulenförmigen Schwellungen unterhalb den Achseln und in der Leistengegend rann eine schwärzliche Flüssigkeit. Die Münder waren vom Blut verkrustet. Die Galeere lief unter genuesischer Flagge und kam aus dem Schwarzmeerhafen Kaffa auf der Krim, wo die Genuesen einen Handelsstützpunkt besaßen. Ständig beunruhigt von den einheimischen Moslems, war es dort immer wieder zu Streitigkeiten gekommen, (...) schließlich zu einem Krieg. In dessen Verlauf belagerten Tataren die Quartiere der Italiener, als eine Seuche ihre Reihen lichtete. Gezwungen die Belagerung aufzugeben, kamen sie vor ihrem Abzug auf eine fürchterliche Idee: Statt mit*

Die vier apokalyptischen Reiter. Holzschnitt von Albrecht Dürer (etwa 1497/98).

Steinen luden sie ihre Belagerungsmaschinen mit Leichen. Die an der geheimnisvollen Epidemie verstorbenen Krieger wurden zu Hunderten über die Wälle katapultiert und wirkten schrecklicher, als es Geschosse je vermocht hätten. Inner- *halb weniger Tage starben durch diese bakteriologische Waffe so viele Genuesen, dass der Befehl erging, jeder möge sich retten, wie schnell er nur könne.“*
(Fischer-Fabian, S.: Der Jüngste Tag, S. 11, bearbeitet)

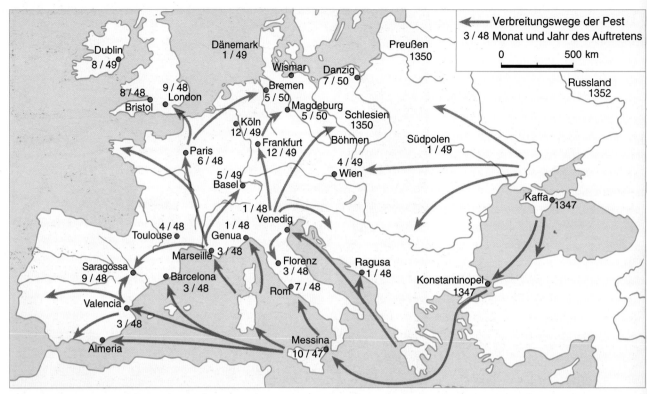

Die Verbreitung der Pest 1347–1352

A1 Erläutere anhand des Textes und der Karte, wie die Pest nach Europa gelangte und sich dort ausbreitete.

Die Pest hat die Ratte als Wirtstier. Übertragen wird die Beulenpest (dunkle Beulen an den Leisten-, Achsel- und Halsdrüsen – ihr frühes Aufschneiden konnte das Leben retten) durch den Rattenfloh. Durch Übertragung von Mensch zu Mensch wurde sie zur Lungenpest, die mit absoluter Sicherheit den Tod brachte.

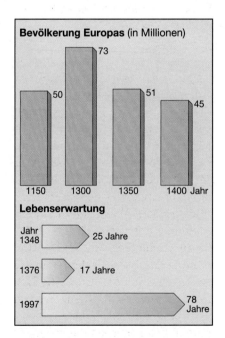

Bevölkerung Europas (in Millionen)

73 — 1300
50 — 1150
51 — 1350
45 — 1400 Jahr

Lebenserwartung

Jahr 1348 — 25 Jahre
1376 — 17 Jahre
1997 — 78 Jahre

A2 Erkläre den Begriff „der schwarze Tod".

A3 Analysiere mithilfe der Grafiken den Einfluss der Pest auf die Bevölkerungsentwicklung in Europa.

Q2 Über die Pest in Wismar schreibt ein moderner Schriftsteller: „In Wismar war die Pest ausgebrochen. Alle Vorsichtsmaßnahmen waren vergeblich gewesen, alle Gebete wirkungslos. Wie in den vergangenen zwanzig Jahren schon zweimal war der schwarze Tod zum dritten Mal in die schwer geprüfte Stadt gekommen. Die Gassen lagen verödet da, wie ausgestorben; die Bürger hockten jammernd und betend in ihren vier Wänden und wagten sich keinen Schritt hinaus. Der Rat der Stadt und die Vornehmen waren gleich in den ersten Tagen geflohen. Alle Schiffe hatten den Hafen verlassen. Die Tore der Stadt waren verschlossen. Durch die leeren Gassen ritten vermummte Bewaffnete. Leichenkarren fuhren herum, und die Leichenknechte schrien in die verschlossenen Häuser, man solle die Leichen herausgeben. Auf den Plätzen brannten große Feuer, um die Luft zu reinigen."

(Bredel, W.: Die Vitalienbrüder, S. 19)

A4 Beschreibe das Leben der Menschen in dieser von der Pest befallenen Stadt.

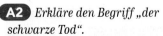

Geißlerzug von 1348. Manche Menschen bestraften sich selbst, um Gott zu versöhnen und die Pest zu vertreiben.

Menschliche Bindungen gingen verloren. Todkranke Kinder wurden von ihren Eltern verlassen, Kinder verweigerten aus Angst vor Ansteckung ihren Eltern die Hilfe.

Das vermeintlich nahe Weltenende weckte eine übertriebene und eigensüchtige Lebensgier – die Welt schien aus den Fugen geraten. Der Sittenverfall ging so weit, dass anderen „die Pest an den Hals gewünscht" wurde. Das Auftreten der Pest blieb damals unerklärlich. Vermutet wurde die Einwirkung von Himmelskörpern oder Gottes Strafe für sündigen Lebenswandel. In vielen Fällen wurde die Schuld den Juden angelastet. Grausame Judenverfolgungen vergrößerten das Leid. Nur sehr wenige ahnten, dass die Pest im Zusammenhang mit den unhygienischen Lebensumständen, insbesondere der drangvollen Enge der mittelalterlichen Städte, stehen müsste. Der Pesterreger wurde erst 1894 entdeckt.

A1 Sage deine Meinung zum Verhalten der Menschen bei Pestgefahr. Erinnere dich an die vier apokalyptischen Reiter.

Wie dem Holzschnitt von Albrecht Dürer zu entnehmen ist, fürchteten die Menschen am Ende des Mittelalters neben Krieg, Pest und Tod den Hunger. Trotz Landesausbau und vergrößerter Anbaufläche gab es im 14. Jahrhundert furchtbare Hungersnöte. Die Erklärung liegt in Seuchen und Kriegen. Aber auch die unterschiedliche Preisentwicklung für landwirtschaftliche Erzeugnisse und handwerklich-städtische Produkte spielte eine Rolle. Während die Preise für landwirtschaftliche Erzeugnisse aufgrund eines Überangebotes schnell fielen, stiegen die Preise für städtische Produkte, denn die Pest hatte besonders die städtische Bevölkerung getroffen. Die Verminderung ihrer Einkünfte veranlasste viele Bauern zur Stilllegung von Äckern und auch zur Landflucht.

A2 Beschreibe, was genau die Menschen auf diesem Bild tun, um die Pest zu vertreiben.

Die Nahrungsvorräte verringerten sich, sodass schon ein harter Winter und eine schlechte Ernte eine Hungersnot auslösen konnten. Mehr als 150 Jahre bestand diese Ernährungskrise. Die Zahl der Geburten und der Heiraten ging zurück, die Menschen wurden für die Pest anfälliger. Trotz der großen Menschenverluste konnten sich die Städte verhältnismäßig rasch erholen. Durch den Zuzug der landflüchtigen Bauern wuchs die städtische Bevölkerung wieder an.

A3 Nenne Ursachen für das Auftreten von Hungersnöten am Ende des Mittelalters.

A4 Fasse zusammen: Wodurch fühlten sich die Menschen am Ende des Mittelalters bedroht?

71

8.1 Von den Träumen der einfachen Leute

Bereits vor mehr als 200 Jahren war vom „finsteren Mittelalter" die Rede. Kluge und gebildete Menschen fällten seinerzeit dieses harte Urteil, weil in mittelalterlicher Zeit nur sehr wenige Menschen lesen und schreiben konnten.

Die Geschichtsschreiber jener Jahrhunderte von 500 bis 1500 erzählten von Kaisern und Königen, Päpsten und Bischöfen, Herzögen und Grafen. Einfache Leute kommen in ihren Berichten kaum vor. Von ihren Kümmernissen, Freuden und Hoffnungen erfahren wir viel häufiger aus Märchen und Sagen. Beispielsweise ist aus dieser Zeit die Geschichte vom Schlaraffenland überliefert. Was konnte man nicht alles im Schlaraffenland essen: Schinken, Würste, Zuckergebäck ... In das Schlaraffenland gelangte man allerdings erst, wenn man sich durch einen Berg aus Hirsebrei gefressen hatte. Wir wissen also schon, dass der Hirsebrei das Gewöhnliche und Alltägliche war. Mit Hirse füttern wir heute unsere Wellensittiche – im Mittelalter aber war sie als Brei ein Hauptnahrungsmittel. Auch aus Hafer wurde ein Brei gefertigt. Brot aus Hafer und Roggen, Eier, Molke (von der Kuhmilch), Hülsenfrüchte, selten Fisch, ganz selten Fleisch (von Wild- und Haustieren) waren weitere bäuerliche Nahrungsmittel. Wer aber träumt von einem Schlaraffenland? Doch wohl zuerst ein Mensch, der den Hunger kennt. Hunger mussten die einfachen Menschen damals häufig leiden – vor allem im Frühjahr, wenn die Vorräte aufgebraucht waren und die neue Ernte auf sich warten ließ. Noch schlimmer wurde es, wenn Kälte, Regen oder Trockenheit zu Missernten führten.

8.2 Die Ständeordnung

Sehen wir heute Filme über das Mittelalter, so betrachten wir eine ungemein farbige Zeit: Bunt gekleidete und wohl gerüstete Ritter, wort- und stimmgewaltige Minnesänger und vornehm gekleidete Damen, kirchliche Prozessionen, bunte Dorf- und Zunftfeste ... Eine „finstere" Zeit?

Nicht allein wegen dieser Filme ist diese Vergangenheit der Kaiser und Könige, Bauern und Bürger lebendiger, als ihr vielleicht meint. Da gibt es ein ganz altes Abschlagspiel, das ihr vermutlich auch schon gespielt habt: Kaiser – König – Edelmann – Bürger – Bauer – Bettelmann. Auch die Erwachsenen spielen heute mit Königen: beim Schach, Skat oder Kegeln. Diese Spiele zeichnen sich durch eine strenge Ordnung der Personen aus. – Natürlich dachten die Menschen bereits im Mittelalter darüber nach, welcher Ordnung ihr Leben folgt. Bischof Adalbero von Laon (977–1030) kam zu folgendem Ergebnis:

Q1 *„Das Haus Gottes, das eine Einheit bildet, ist dreigeteilt. Die einen beten, die anderen kämpfen, die dritten arbeiten. Diese drei Stände gehören zusammen und dürfen nicht auseinander gerissen werden. Sie dienen der gleichen Sache, denn der Dienst des einen ist die Voraussetzung für die Werke der anderen."*
(Schulze, H. K.: Hegemoniales Kaisertum, S. 50)

A1 *Woran erkennst du, dass hier das Schlaraffenland abgebildet ist?*

Das Schlaraffenland. Gemälde von Pieter Breughel d. Ä. (um 1515–1560)

A1 Nenne die Stände in der mittelalterlichen Welt.

A2 Wie wurde die Ständeordnung begründet?

A3 Finde heraus, welcher Stand auf der nebenstehenden Abbildung fehlt.

A4 Warum wohl sind auf der Abbildung die Bauern in den Vordergrund gerückt?

Christus, der Weltenrichter über dem Regenbogen, teilt den drei Ständen ihre Aufgaben zu.

lebten, fielen aus dieser Ständeordnung heraus und waren unmittelbar dem Kaiser unterstellt. Man verglich im Mittelalter die menschliche Ordnung nicht selten mit dem Schachspiel.

A5 Klärt in arbeitsteiliger Gruppenarbeit: Was „dürfen" im Schachspiel König und Königin, welche Bewegung führt der Springer (Ritter) aus? Was ist dem Läufer (Priester) erlaubt? Die Türme vertreten das mittelalterliche Recht. Welche Schritte sind den Richtern gestattet? Was den Bauern erlaubt ist, wisst ihr alle.

A6 Erläutert den Vergleich zwischen Schachspiel und mittelalterlicher Ordnung.

Das Denken in „Ständen" wurde immer weiter entwickelt. So gab es schließlich neben dem Geburtsstand Berufsstände, Rechtsstände und auch den Ehestand. Mit dem Hinzutreten der Bürger in den Städten erfuhr die mittelalterliche Ständeordnung sowohl eine Erweiterung als auch eine Aushöhlung. Die spätmittelalterliche Aufteilung in Adel, Bürger und Bauern bot der Geistlichkeit beispielsweise keinen Platz mehr.

Wichtige Farbtupfer in das Bild vom Mittelalter setzten höfische Troubadoure und Minnesänger wie

Rang und Platz in der Ständeordnung waren für die Menschen im Mittelalter gottgewollt und wurden außerordentlich wichtig genommen. Der christliche Glaube nahm Einfluss auf alle Lebensbereiche. Der Priester war Wegbegleiter des Lebens: Er hob das Kind aus der Taufe. Er schloss die Ehe in der Kirche und sprach den Sterbenden von seinen Sünden frei. Entsprechend groß war sein Einfluss auf die Lebensgestaltung. Die Kluft zwischen Reichtum und Armut war groß. So brachte man mit seiner Kleidung zum Ausdruck, welchem Stand man angehörte. Lediglich die Juden, die in den sich entwickelnden Städten

Sieben Schachfiguren aus dem Fund der Insel Lewis

Walther von der Vogelweide und Wolfram von Eschenbach. Der Meistersang der Zunfthandwerker und das dörfliche Volkslied brechen mit dem Bild vom „finsteren Mittelalter". So schrieb ein junges Mädchen am Ende eines Liebesbriefes auch ein heute noch gut bekanntes Liedchen:

Q2 *„Dù bist mìn, ich bin dìn,*
(Du bist mein, ich bin dein,)
des solt dù gewis sìn.
(des sollst du gewiss sein.)
Dù bist beslozzen
(Du bist verschlossen)
in mìnem herzen,
(in meinem Herzen,)
verlorn ist daz slüzzelìn,
(verloren ist das Schlüsselein,)
odù muost immer drinne sìn."
(du musst immer drinnen sein.)
(Hühns, E. u. I.: Bauer, Bürger, Edelmann, S. 108)

A1 *Übertrage das Gedicht in deine Sprache. Wovon handelt es?*

8.3 Kirchen als Abbild des Himmels

Vor Kirchen, Burgen oder Kaiserpfalzen fragen Jahr für Jahr Tausende Touristen, wie es wohl möglich war, mit den bescheidenen technischen Mitteln des Mittelalters derartig imposante Gebäude zu errichten. Bauten aus Stein waren in der Zeit der Entstehung des deutschen Reiches die große Ausnahme. Fast ausschließlich wurden als Baumaterial Holz und Lehm benutzt. Die Bearbeitung von Steinquadern war ungleich komplizierter und zeitraubender.

Inbegriff mittelalterlicher Baukunst sind die gewaltigen Kathedralen und Dome. Ihr Bau dauerte Jahrzehnte, mit Unterbrechungen manchmal Jahrhunderte.

Sie waren Ausdruck der tiefen Gläubigkeit der Menschen und der Macht der Kirche. Vom 10. bis 12. Jahrhundert wurde im kraftvoll und massiv wirkenden romanischen Stil gebaut, der oft an Festungsbauten erinnert. Ab ca. 1200 setzte sich von Frankreich aus ein neuer Baustil, Gotik genannt, durch.

A2 *Anhand der Zeichnungen und Fotos könnt ihr (am besten in Gruppenarbeit) wichtige Unterschiede zwischen Romanik und Gotik selbst herausfinden. Achtet vor allem auf die Form der Fenster, der Gewölbe über der Kirchenmitte, der Stützpfeiler und der Türme.*

A3 *Stellt in einer Tabelle die Ergebnisse gegenüber.*

Stiftskirche in Gernrode (Harz). Der Bau dauerte fast zwanzig Jahre (961–980). Große, roh behauene Steinquader fügen sich zu hohen Außenmauern zusammen. In Höhe des Erdbodens sind die Mauern etwa drei Meter dick.

In Magdeburg ist der erste Dom in Deutschland nach dem Vorbild französischer Bischofskirchen im gotischen Baustil errichtet worden. Begonnen wurde der Bau 1209.

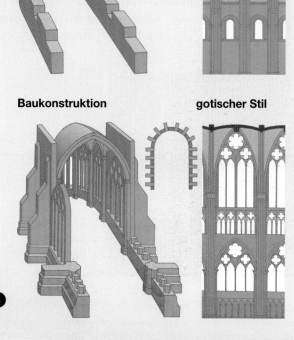

Baukonstruktion | **romanischer Stil**

Baukonstruktion | **gotischer Stil**

A1 *Wir zeichnen ein*
- romanisches Rundbogenfenster,
- gotisches Spitzbogenfenster.

Gewaltige Mittel und Anstrengungen waren nötig, um diese beeindruckenden Kirchen zu errichten. Die Abbildung aus einer französischen Handschrift (1448) zeigt uns die verschiedenen Stadien des Kirchenbaus. Die Mauern sind aus Ziegeln und mit Sandstein verkleidet. Die Säulen an den Portalen bestehen aus dunklerem Stein. Die übrigen Kirchen sind ganz oder nahezu fertig. Die Kirchtürme tragen, da sie zuletzt gebaut werden, alle noch das Baugerüst.

A2 *Erkläre den Bauablauf mittelalterlicher Kirchen.*
A3 *Beschreibe die unterschiedlichen Tätigkeiten der Handwerker.*

Wie aber wurden die großen Steinquader in die Höhe gehoben? Das Hinaufbefördern der Steine geschah mit einem Kran, der durch ein großes Käfigrad, in dem die Lehrjungen wie die Eichhörnchen liefen, angetrieben wurde. Mit einer Übersetzung wurde die Drehbewegung auf eine Holztrommel übertragen, von der das Kranseil über die Rolle des Auslegers lief und an dessen Ende eine sogenannte Schere die Steine fest packte. Das ganze schwere Gerät wurde mit jeder Lage Steine höher hinaufgedrückt.

A4 *Wir erwarten Besucher in unserer Stadt. Natürlich führen wir sie zu den Bauwerken, auf die wir stolz sind. Wir bereiten uns auf eine Erklärung vor. Erkläre die Unterschiede zwischen dem romanischen und dem gotischen Baustil.*
A5 *Was können wir tun, um diese Bauwerke für die nächsten Generationen zu erhalten?*

Verschiedene Baustadien des Kirchenbaus. Buchmalerei von 1488

Mittelalterlicher Kran (Rekonstruktion)

A6 *Erkläre mithilfe der Zeichnung, wie der Baukran funktionierte.*

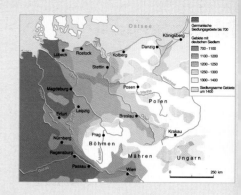

| 1099 | 1122 | 1147 | 1190 | 1200 |

Kreuzfahrer
erobern Jerusalem.

Wormser Konkordat.

Ostkolonisation:
teils friedlich, teils
mit Gewalt
(Wendenkreuzzug).

Friedrich I. Barba-
rossa ertrinkt
während eines
Kreuzzuges.

Anfänge des goti-
schen Baustiles im
deutschsprachigen
Raum.

Zusammenfassung:

- Zwischen Papst Gregor VII. und Heinrich IV. entsteht 1077 ein Streit um die Einsetzung von Geistlichen in ihr Amt (**Investiturstreit**). Letztlich setzt sich die Kirche durch (**Wormser Konkordat** 1122).
- Die **Kreuzfahrer** erobern 1099 Jerusalem und gründen eigene Staaten. Die Christen werden von der hoch entwickelten **Kultur der Muslime** beeinflusst.
- Nachdem im 11. Jahrhundert der **Landesausbau** (Rodungen) abgeschlossen ist, suchen deutsche Siedler im Osten Neuland. Die **Ostkolonisation** verläuft meist friedlich, manchmal gewaltsam (Wendenkreuzzug 1147). Große Teile des heutigen Sachsen verändern im Landesausbau unter den Wettinern ihr Gesicht.
- Der während der Kreuzzüge entstandene **Deutsche Orden** begründet (ab 1231) einen eigenen Staat im Osten. Nach langen Kämpfen unterliegt er dem aufstrebenden Königreich **Polen** (1466).
- Das Lehnswesen verändert sich: Die **Ministerialen** werden seit dem 12. Jahrhundert für Verwaltung und Vertei-digung immer wichtiger, bilden den niederen Adel und entwickeln eine eigene Kultur (**Ritter, Burgen, Minne**).

Mittelalterliche Welt

 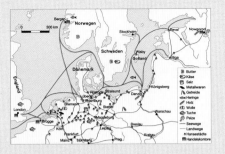 

1231	**1250**	**1300**	**1347**	**1466**
Anfänge des Deutschen Ordensstaates.	Friedrich II. schafft einen „modernen" Staat.	Höhepunkt der Städtegründungen im Mittelalter.	Die Hanse kontrolliert den Nord- und Ostseeraum.	Die Fürsten sichern sich immer mehr Macht, schaffen zusammenhängende Herrschaften (Territorien).

Beginn der großen Pest in Europa.

Deutscher Orden unter polnischer Oberhoheit.

- **Städte** (Gründungen vor allem um 1300) entwickeln sich zu wichtigen Handels- und Produktionszentren. Sie erkämpfen sich das Recht der **Selbstverwaltung** durch einen Rat. Die Armut großer Bevölkerungteile und die ungesicherte Stellung der **Juden** (Verfolgung z. B. während der Kreuzzüge und der Pest) bleiben Probleme.
- Städtebünde, z. B. die **Hanse** im 14. Jahrhundert, bestimmen Politik und Handel in weiten Gebieten (Hanse in Ost- und Nordsee).
- Die **Pest** (1347) und spätere Hungersnöte führen zu einem Bevölkerungsrückgang. Die Städte können sich am schnellsten erholen.
- Die Zeit der **Staufer** (Friedrich I. Barbarossa gest. 1190, Friedrich II. gest. 1250) gilt als glanzvolle Epoche deutscher Kaiser. Doch gewinnen die Fürsten auf Kosten des Königs zunehmend an Macht und schaffen zusammenhängende Länder, in denen sie schließlich uneingeschränkt herrschen. Seit 1423 gehört der Herzog von Sachsen zu den Kurfürsten, die den König wählen.
- Alle Lebensbereiche im Mittelalter sind vom christlichen **Glauben** tief durchdrungen, sichtbarer Ausdruck bis heute sind die großen Dome.

Eine neue Zeit

Weit übers Meer

A1 *Beschreibe die Rekonstruktion. Was erfährst du über das Leben an Bord?*

Im Jahre 1492 segelte Christoph Kolumbus im Auftrag des spanischen Königspaares mit drei Schiffen über den Atlantik. Am 37. Tag der Überfahrt landete er auf einer Insel, die er „San Salvador" nannte. Er glaubte, einen neuen Weg nach Indien gefunden zu haben, kürzer als der um Afrika herum. Die Leute, auf die er traf, heißen wegen dieses Irrtums bei uns bis heute „Indianer".

Schiffe nahmen damals für längere Reisen folgende Lebensmittel an Bord:

Pökelfleisch
Trockenwurst
Räucherwurst
Trockenfleisch
Räucherfleisch
Trockene Hülsenfrüchte
Zwiebeln und Knoblauch
Mehl in Fässern
Schiffszwieback
Wasser
Wein
Öl

A2 *Welche heute üblichen Lebensmittel fehlen?*

A3 *Stell dir vor, du bist der Schiffskoch. Häng den Speiseplan für eine Woche aus.*

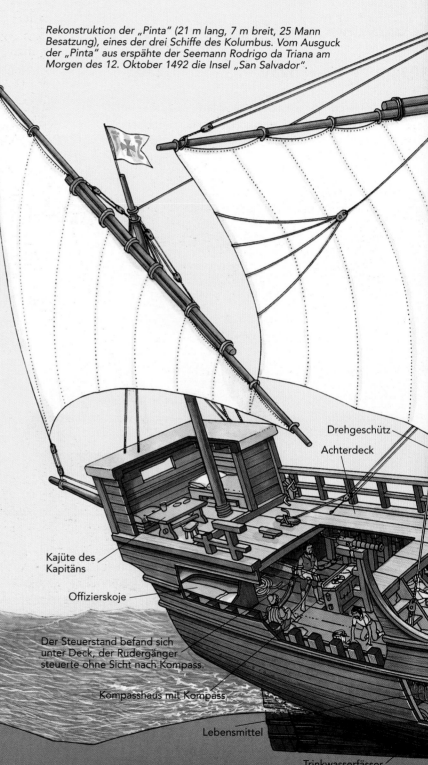

Rekonstruktion der „Pinta" (21 m lang, 7 m breit, 25 Mann Besatzung), eines der drei Schiffe des Kolumbus. Vom Ausguck der „Pinta" aus erspähte der Seemann Rodrigo da Triana am Morgen des 12. Oktober 1492 die Insel „San Salvador".

Drehgeschütz

Achterdeck

Kajüte des Kapitäns

Offizierskoje

Der Steuerstand befand sich unter Deck, der Rudergänger steuerte ohne Sicht nach Kompass.

Kompasshaus mit Kompass

Lebensmittel

Trinkwasserfässer

Christoph Kolumbus. Eine zeitgenössische Darstellung ist nicht bekannt. Dieses Bild von 1519 gilt als verlässlichste Darstellung.

Ausguck

Ankerwinde

Beiboot

Hauptdeck

Feuerstelle

Die Mannschaft hatte keine Kojen, sondern musste schlafen, wo gerade Platz war.

Anker

Brennholzvorräte

Laderaum

Ratten, Mäuse und anderes Ungeziefer bedrohten die Vorräte

Es gab Leute, die Kolumbus Geld für sein Unternehmen liehen, aber Matrosen bekam er nur sehr schwer, trotz der Aussicht auf großen Reichtum. Eine Seefahrt in unbekannte Meere war gefährlich: Stürme und Strömungen konnten Schiffe beschädigen oder gar versenken, Krankheiten (besonders durch Vitaminmangel) die Mannschaft heimsuchen.

Viele fürchteten Gefahren, wie sie von Sindbad dem Seefahrer berichtet wurden: riesige Kraken, die die Schiffe in die Tiefe ziehen; Inseln, die in Wirklichkeit Fische sind und ein ganzes Schiff verschlingen können; Magnetberge, die das Schiff an sich ziehen und festhalten; das Dunkelmeer, wo nie die Sonne scheint, wo kein Wind mehr das Schiff antreibt und alle verhungern müssen.

A1 *Lies den Text und vergleiche ihn mit den Abbildungen. Welche Gefahren bestanden wirklich, welche waren eingebildet?*

A2 *Spielt ein Interview mit Matrosen, die unter Kolumbus fuhren. Welche Sorgen hatten sie unterwegs, wie fühlten sie sich nach der Rückkehr?*

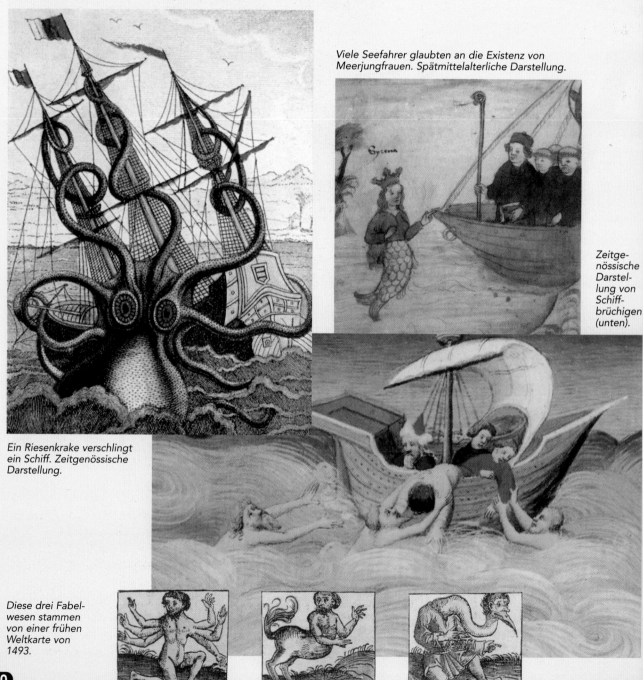

Viele Seefahrer glaubten an die Existenz von Meerjungfrauen. Spätmittelalterliche Darstellung.

Zeitgenössische Darstellung von Schiffbrüchigen (unten).

Ein Riesenkrake verschlingt ein Schiff. Zeitgenössische Darstellung.

Diese drei Fabelwesen stammen von einer frühen Weltkarte von 1493.

1 „Ein Mann, der sich Kolumbus nannt'"

Wie kam Kolumbus darauf, in Indien zu sein? Viele Gelehrte zweifelten nicht daran, dass die Erde eine Kugel war, aber sie täuschten sich über die Größe. In Wirklichkeit hätte Kolumbus 19 610 km weit segeln müssen, viel zu weit für ein Segelschiff. Auf einer Karte, die er gekannt hat, sind nur 5 635 km angegeben. Der berühmte Geograf Toscanelli hatte ihm geschrieben:

Q1 „Von deinem mutigen und großartigen Plan, auf dem Westwege (...) zu den Ostländern zu segeln, nahm ich Kenntnis (...) Der geschilderte Weg ist nicht nur möglich, sondern wahr und sicher (...) Eine derartige Reise führt zu mächtigen Königreichen (...), die alles im Überfluss besitzen, was wir benötigen, auch alle Arten von Gewürzen in reicher Fülle sowie Edelsteine in großer Menge aufweisen."
(Schmitt, E.: Die großen Entdeckungen, S. 99)

Die Landung des Kolumbus. Dieses Bild wurde fast 100 Jahre nach der Landung gedruckt.

A1 Schließe aus der Quelle, warum Kolumbus die gefährliche Überfahrt gewagt hat.

Trotzdem hatte Kolumbus Schwierigkeiten, seinen Plan zu verwirklichen. Erst nach jahrelangem Warten stimmte das spanische Königspaar zu. Nur dreieinhalb Monate nach Abschluss des Vertrages konnte Kolumbus mit drei Schiffen absegeln: der Santa Maria, der Niña und der Pinta.

Genau dort, wo Kolumbus die ersten „indischen" Inseln zu finden hoffte, lag San Salvador. Das schien seine Theorie zu bestätigen und auch die Mannschaft war begeistert. Kolumbus berichtet:

Q2 „Ich wurde umarmt, geküsst, und alle taten so, als wäre ich bereits ein Mann, der alle Reichtümer und Ehren der Welt zu vergeben hat."
(Grün, R.: Christoph Columbus, S. 99)

Q3 Die erste Begegnung mit den Bewohnern der Insel schildert er so:
„Sofort sammelten sich an jener Stelle (der Landung) zahlreiche Eingeborene der Insel an (...) Sie (...) brachten uns Papageien, Knäuel von Baumwollfäden, lange Wurfspieße und noch viele andere Dinge, die sie gegen das eintauschten, was wir ihnen gaben, wie Glasperlen und Glöckchen. Sie gaben und nahmen alles von Herzen gern, allein mir schien es, als litten sie Mangel an allen Dingen. Sie gehen nackt umher, so wie Gott sie erschaffen (...) Sie führen keine Waffen mit sich, sie sind ihnen nicht einmal bekannt. Ich zeigte ihnen Schwerter, und da sie sie aus Unkenntnis bei der Schneide anfassten, schnitten sie sich."
(Krieger, H.: Handbuch des Geschichtsunterrichts, Bd. 4, S. 20)

A2 Auf dem Bild oben kannst du verschiedene Gruppen von Personen sehen. Beschreibe, was sie tun.

A3 Vergleiche das Bild mit dem, was Toscanelli und was Kolumbus geschrieben haben.

A4 Denkt euch aus, worüber Kolumbus und der Indianer mit den Geschenken miteinander reden. Ihr könnt es auch nachspielen.

Alles war gut gegangen, aber ganz einfach war es nicht gewesen. Kolumbus hat während der Reise über den Atlantik ein Tagebuch ("Bordbuch") geführt:

Q4 *„Die Bedenken und Befürchtungen der Mannschaft: Die Vorräte würden bald zu Ende gehen, die Schiffe seien zu schwach für diese weite Fahrt. Und ich solle daran denken, dass wir den schon zurückgelegten Weg ein zweites Mal - auf der Heimfahrt - zurücklegen müssten, das Land, das wir suchten, gebe es gar nicht. Auch die Gelehrten hätten diese Meinung geäußert. Niño (ein Matrose) lächelte spöttisch, als ich ihm klarlegte, dass es meine feste Absicht sei, weiter nach Westen zu fahren. Er meinte, niemand werde widerlegen können, dass ich auf dem Deck ausgeglitten und über Bord gefallen sei."*
(Grün, R.: Christoph Columbus, S. 86)

A1 *Beschreibe die Sorgen der Mannschaft. Wovor musste sich Kolumbus fürchten?*

Die Rückreise klappte nur, weil die Flotte wegen eines Rechenfehlers die günstige Westwindzone erwischte. Nach rund einem halben Jahr war Kolumbus wieder in Palos, seinem Ausgangshafen. Sechs Indianer mit Papageien, Goldmasken und anderen Schaustücken begleiteten ihn. Er durfte neben dem Königspaar sitzen und war auf der Höhe seines Ruhmes. Aber er wusste immer noch nicht, dass er nicht Indien erreicht, sondern einen neuen Kontinent entdeckt hatte. Er hat es auch nie erfahren, obwohl er noch drei Reisen dorthin unternahm.

A2 *In dem folgenden Lied (man kann es mit verteilten Rollen singen) sind absichtlich viele Fehler eingebaut, damit man etwas zu lachen hat. Versuche, möglichst viele Fehler zu finden.*

GEWUSST WIE!

Arbeit mit historischen Karten

Wenn du die Skizze mit einer Karte des amerikanischen Kontinents vergleichst, siehst du, wie wenig Kolumbus wusste. Aber schon 1493 wurde er als „Finder einer neuen Welt" bezeichnet. Erst später konnte Amerigo Vespucci beweisen, dass ein neuer Kontinent gefunden war. Nach ihm, nicht nach Kolumbus, ist Amerika benannt.

Historische Karten unterscheiden sich meist erheblich von modernen Karten. Sie weisen den damaligen Kenntnisstand auf, sind häufig aus einer anderen Perspektive gezeichnet (nicht immer ist der Norden „oben"). Entfernungsangaben sind oft fehlerhaft, meist fehlt eine „Legende", die die Karte erklärt usw. Folgende Schritte können bei der Erschließung helfen:

1. Aus welcher Zeit, aus welchem Land, von welchem Autor stammt die Karte?
2. Was wird auf der Karte dargestellt?
3. Welche Erschließungshilfen bietet die Karte (Beschriftung, Legende, Illustrationen, Farbgebung usw.)?

4. Entscheidend ist der Vergleich mit einer entsprechenden modernen Karte. Welche gravierenden Unterschiede sind festzustellen? Welche Schlüsse auf den damaligen Kenntnisstand lassen sich daraus ziehen?

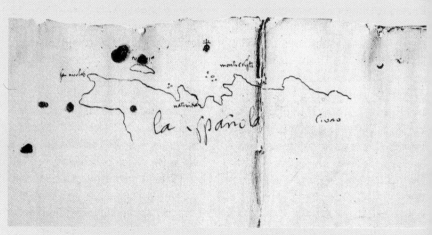

Die handgezeichnete Skizze zeigt die Nordküste von Hispaniola, einer der Inseln, die Kolumbus auf seiner ersten Reise besucht hat. Sie ist vermutlich von Kolumbus selbst gezeichnet und damit die älteste erhaltene Karte von Amerika.

Ein Mann, der sich Kolumbus nannt',
war in der Schifffahrt wohl bekannt.
Es drückten ihn die Sorgen schwer,
er suchte neues Land im Meer.
Als er den Morgenkaffee trank,
da rief er fröhlich: „Gott sei Dank."
Denn da kam mit der ersten Tram
der span'sche König zu ihm an.
„Kolumbus", sprach er, „guter Mann,
du hast schon manche Tat getan.
Eins fehlt noch unsrer Gloria:
Entdecke mir Amerika."
Gesagt, getan, ein Mann, ein Wort,
am selben Tag fuhr er noch fort.
Und eines Morgens schrie er: „Land.
Wie deucht mir alles so bekannt."
Das Volk am Land stand stumm und zag,
Da sagt' Kolumbus: „Guten Tag.
Ist hier vielleicht Amerika?"
Da schrien alle Wilden: „Ja."
Die Wilden waren sehr erschreckt
und schrien all: „Wir sind entdeckt."
Der Häuptling rief ihm: „Lieber Mann,
alsdann bist du Kolumbus dann."

2 Armer Westen – reicher Osten

Europa war keine reiche Gegend. In den Jahren 1383–1435 war der König von Portugal so arm, dass er nicht einmal Gold und Silber hatte, um Münzen zu prägen. Der „Islamische Gürtel", Kleinasien und Nordafrika, galt bei den Europäern als wohlhabend. Doch die islamische Welt war militärisch so stark, dass man ihnen nichts gewaltsam abnehmen konnte. Aber die Araber holten Gold und Sklaven aus Gegenden südlich der Sahara. Das wusste man von den Juden auf Mallorca. Diese galten damals als beste Geografen, weil sie Beziehungen zu Christen und Arabern hatten. Das klang viel versprechend. Und vielleicht konnte man noch weiter segeln, um Afrika herum, in den Indischen Ozean, wo die Gewürze herkamen. Was man dort sonst noch erwartete, sagen die folgenden Quellen:

Ein Tempel auf Bali

Q1 In Afrika oder Indien sollte der christliche Erzpriester Johannes regieren. Über ihn hieß es: *„Er wird als der Reichste an Gold und Silber angesehen, weil er von den einzelnen Familienvätern (...) an jährlichem Zins eine Unze puren Silbers empfängt."*

Q2 Aus einer Beschreibung Japans: *„Das Dach (des Königspalastes) ist mit Goldplatten bedeckt, so wie bei uns Häuser oder Kirchen mit Blei; auch die Decken der Säle und viele Gemächer sind aus dicken Platten von reinem Gold, und die Fenster haben goldene Umrahmungen."* (Reisebericht des Marco Polo um 1300)

Q3 *„Aus Indien schließlich werden uns alle Kostbarkeiten überbracht."* (Schmitt, E.: Die mittelalterlichen Ursprünge der europäischen Expansion, S. 129, 108, 131)

Als Kolumbus nach Amerika segelte, hatten schon seit mehr als 50 Jahren viele Leute versucht, von Europa aus über das Meer ins südliche Afrika oder sogar nach Indien zu kommen.

A1 *Vergleiche diesen Tempel von Bali mit der oben stehenden Beschreibung des Königspalastes.*

A2 *Schreibe einige Gewürze aus deiner Küche zu Hause auf und versuche festzustellen, woher sie kommen.*

A3 *Welche Weltgegenden gelten heute als reich? Warum hat sich das geändert?*

2.1 Heinrich der Seefahrer

Vor allem ein portugiesischer Prinz schickte so viele Schiffe aus, dass er bis heute „Heinrich der Seefahrer" heißt. Dabei war er selbst nur einmal ein kleines Stück über das Mittelmeer gefahren. Er wollte Afrika umsegeln lassen, denn er wollte möglichst viel wissen, sein Wissen für neue Entdeckungen ausnutzen und mit Entdeckungen Geld verdienen.

Er fand genügend Helfer, Kapitäne und Geldgeber. Denn Wissen zu sammeln und damit auch Geld zu verdienen, war damals sehr modern. Trotzdem dauerte es rund 60 Jahre, bis das erste portugiesische Schiff das Kap der Guten Hoffnung umrundete.

In diesen 60 Jahren lernten Schiffbauer, Geografen, Seeleute und Geldgeber manches: wie viel Geld eine solche Reise kostete und was sie einbringen konnte; wie die Schiffe für lange Fahrten auszurüsten waren, wie regelmäßige Winde und Strömungen die Fahrt erleichterten oder erschwerten; was man beim Segeln in unbekannten Gewässern beachten musste, wie man ohne Sicht auf die Küste Position und Kurs bestimmte und vieles mehr. Auch Kolumbus hatte seine Erfahrung als Seemann auf dem Atlantik vor Afrika gesammelt.

Henricus Martellus Germanus, Weltkarte, Florenz um 1489

A1 *Welche Länder sind auf der Karte (oben) schon ziemlich genau, welche ungenau dargestellt? Wie erklärst du dir das?*

A2 *Auf der Karte sieht es so aus, als wäre an der Südspitze Afrikas die halbe Strecke nach Indien zurückgelegt. Überprüfe das.*

A3 *Wie konnten die Portugiesen den Weg durch den Indischen Ozean finden?*

2.2 Endlich in Indien!

Im Mai 1498 erreichte die erste portugiesische Flotte unter Vasco da Gama Indien. Am Gewürzhandelsplatz Kalikut waren die einheimischen Händler und der örtliche König offenbar nicht darüber begeistert. Im Folgenden sind zwei Berichte dazu abgedruckt: einer aus dem Bordbuch der Portugiesen, der andere von einem Araber:

Q1 *„Eine Rasse von Teufeln unter den Stämmen der Menschheit, schmutzig in ihren Manieren, Feinde Gottes und seines Propheten trat nun in Malabar auf. (...) Sie verehrten Götzenbilder aus Holz und verneigten sich vor Bildern aus Stein (...). Ihre Augen waren blau wie bei Wüstengespenstern (...). Sie brachten mit Gewalt reine Menschen von ihrer Religion ab. Sie waren erfahren in Aufruhr, Schifffahrt und Betrug. (...) Sie wollten Pfeffer und Ingwer für sich selbst und anderen nur die Kokosnüsse lassen."*

(Reinhard, W.: Geschichte der europäischen Expansion, Bd. 1, S. 51 f.)

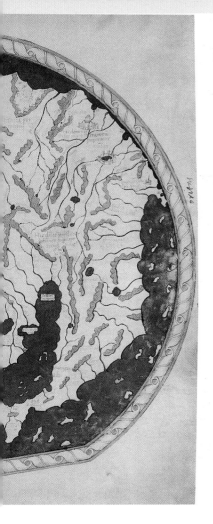

Q2 „Sie waren nämlich Kaufleute von Mekka und vielen anderen Gegenden und kannten uns. Sie hatten dem König gesagt, wir seien Seeräuber und sobald wir beginnen würden nach jenem Lande zu fahren, würde kein Schiff mehr von Mekka (...) her nach seinem Lande kommen können, sodass er keinen Gewinn mehr daraus ziehen könnte. Wir würden ihm auch nichts geben, sondern ihm eher noch etwas nehmen, und dadurch könne sein Land zugrunde gerichtet werden. Abgesehen von diesen Verleumdungen gaben sie ihm noch viel Geld dafür, dass er uns gefangen nehmen und töten lassen sollte (...)"

(Schmitt, E.: Die großen Entdeckungen, S. 141)

A1 Ordne die Berichte den Arabern und den Portugiesen zu. Begründe deine Entscheidung.

A2 Diskutiert über die Ursachen der unterschiedlichen Sichtweisen.

Die Portugiesen mussten an eine andere Stelle der indischen Küste flüchten. Dort setzten sie ihre Schiffe in Stand, bunkerten Trinkwasser und starteten zur Rückfahrt. Statt der 23 Tage, die sie von Afrika nach Indien gebraucht hatten, waren sie rund ein Vierteljahr unterwegs.

Q3 Der Vitaminmangel bewirkte, „dass uns die ganze Mannschaft krank wurde, indem das Zahnfleisch ihnen so über die Zähne wucherte, dass sie nicht essen konnten, und desgleichen schwollen ihnen die Beine an, und es kamen auch sonst am Körper große Geschwüre, derart, dass sie einen Mann so weit herunterbrachten, bis er starb, ohne irgendeine andere Krankheit zu haben."

(Schmitt, E.: Die Anfänge der europäischen Expansion, S. 118 f.)

A3 Versuche herauszufinden, was die Seeleute gegen den Vitaminmangel hätten tun können.

Vasco da Gama wurde Admiral des Indischen Ozeans. Er durfte 1502–1504 eine weitere Reise nach Indien mit 20 Schiffen unternehmen. 1524 wurde er Vizekönig von Indien. Zur Erinnerung an die Entdeckungsfahrten ließ der portugiesische König den nebenstehenden prächtigen Turm errichten.

A4 Hat Vasco da Gama diese Ehrungen zu Recht erhalten? Bedenke dabei die Ergebnisse seiner Reise:

Von drei Schiffen hat er zwei zurückgebracht.
Von 170 Leuten kehrten 55 zurück.
Er hat den Hauptgewürzmarkt Indiens entdeckt.
Er hat bewiesen, dass die Reise möglich war.
Seine Ladung deckte die Kosten der Reise.
Er konnte berichten, dass Gewürze in Lissabon zehnmal so viel kosteten wie in Kalikut.

Der Turm von Belém

Dank ihrer besseren Schiffe und Geschütze konnten die Portugiesen die Inder schließlich zum Handel zwingen.

A1 *Erläutere dieses indische Sprichwort: „Ein Glück, dass Gott nicht mehr Portugiesen geschaffen hat als Löwen und Tiger, denn sonst würden sie die ganze Menschheit vernichten."*

2.3 Kolonialismus und „Dritte Welt"

Im 16. und 17. Jahrhundert folgten zahlreiche weitere Entdeckungsfahrten vieler europäischer Nationen. 1519 startete der Portugiese Magellan in spanischen Diensten zur ersten Weltumsegelung. Portugiesen und Spanier, später Holländer, Franzosen und vor allem Engländer entdeckten oder unterwarfen überseeische Gebiete. Viele der von diesem Kolonialismus betroffenen Völker und Staaten konnten sich erst nach Jahrhunderten wieder von ihren „Kolonialherren" befreien, manche erst vor wenigen Jahrzehnten. Wenn wir heute von der „Dritten Welt" und ihren Problemen sprechen, meinen wir diese vom Kolonialismus betroffenen Regionen und die Spätfolgen der Ausplünderung, der sie jahrhundertelang ausgesetzt waren.

A2 *Beschreibe die einzelnen Fahrtrouten und benenne die Herkunftsländer der Entdecker.*

A3 *Vergleiche die Größe der entdeckten Gebiete mit der Größe der Herkunftsländer der Entdecker.*

2.4 Die Eroberung des Azteken- und des Inkareiches

Kolumbus hatte den Weg nach Amerika entdeckt, von dem gewaltigen Kontinent aber keine Kenntnis. Der Spanier Hernán Cortés drang 1519 als Erster ins Landesinnere vor und eroberte das große Reich der Azteken. 663 Weiße und ungefähr 200 Indianer, 14 Geschütze und 16 Pferde, so trat er die Reise an. Und damit konnte er ein gut organisiertes Reich erobern? Bei aller Überlegenheit durch Kanonen und Pferde, das hätte er wohl kaum schaffen können. Wahrscheinlicher ist, dass er das Reich nicht einmal gefunden hätte.

A4 *Ist es – nach den Bildern rechts zu urteilen – leicht oder schwer, die Stadt zu erobern? Begründe deine Meinung.*

Wichtige Entdeckungsfahrten im 15. und 16. Jh.

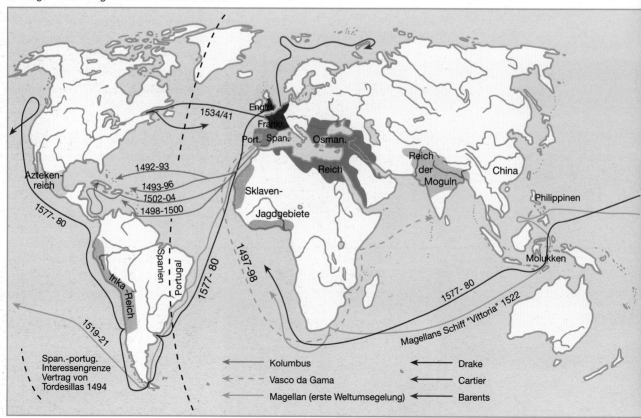

Span.-portug. Interessengrenze Vertrag von Tordesillas 1494

← Kolumbus
←--- Vasco da Gama
← Magellan (erste Weltumsegelung)
← Drake
← Cartier
← Barents

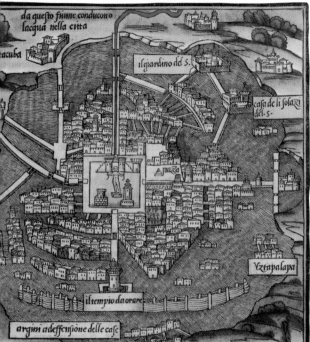

Tenochtitlan, die Hauptstadt des Aztekenreiches, gezeichnet von einem Europäer nach Beschreibungen von Augenzeugen, 1528

A1 *Vergleiche die Bilder oben mit der modernen Rekonstruktionszeichnung.*

Dieses Bild zeigt den Versuch des Cortés, Tenochtitlan zu erobern. Es ist eine indianische Darstellung des Kampfes um den Damm, der in die Stadt führte. Unten sind indianische Boote, oben eine spanische Brigantine mit zwei Kanonen, in der Mitte der Damm mit Fußsoldaten zu sehen.

Vorübergehend mussten die Spanier sich aus Tenochtitlan zurückziehen. Moderne Rekonstruktion dieser Kämpfe.

Cortés hatte Glück. Er gewann eine Aztekenprinzessin, die Aztekisch und Maya sprach. So konnte Cortés sich überall verständigen. Die Prinzessin Malitzin, die bald ehrfurchtsvoll Doña Marina genannt wurde, lernte schnell Spanisch. Sie informierte Cortés über die Gegebenheiten des Aztekenreiches. Dazu gehörte, dass das Reich Feinde hatte. So konnte er Verbündete gewinnen, die Hilfstruppen stellten. Bei der Eroberung Tenochtitlans waren vermutlich etwa 50 000 Indianerkrieger aufseiten der Spanier.

Gerüchten über sagenhafte Goldschätze folgend, eroberte der spanische Abenteurer Pizarro wenige

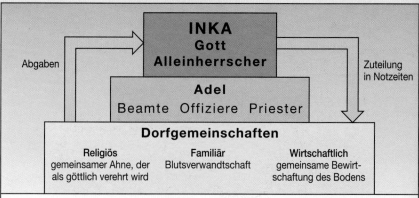

INKA
Gott
Alleinherrscher

Abgaben

Zuteilung in Notzeiten

Adel
Beamte Offiziere Priester

Dorfgemeinschaften

Religiös	Familiär	Wirtschaftlich
gemeinsamer Ahne, der als göttlich verehrt wird	Blutsverwandtschaft	gemeinsame Bewirtschaftung des Bodens

Alles Land gehört dem INKA, er gibt es an die Dorfgemeinschaft

Wälder und Weiden werden von der Dorfgemeinschaft genossenschaftlich genutzt

Haus- und Gartenland wird den Familien auf Dauer zugeteilt

Ackerland wird jedes Jahr neu aufgeteilt. Außer den Abgaben, freie Verfügung über den Ertrag

Nicht aufgeteiltes Land muss von den Indios gemeinsam bewirtschaftet werden. Die Erträge gehen an den INKA für die Vorratshaltung.

Staat und Gesellschaft des Inkareiches

Das Inkareich bis zu seiner Eroberung durch die Spanier

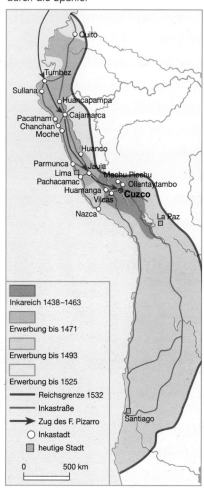

Inkareich 1438–1463

Erwerbung bis 1471

Erwerbung bis 1493

Erwerbung bis 1525

Reichsgrenze 1532

Inkastraße

Zug des F. Pizarro

○ Inkastadt

■ heutige Stadt

0   500 km

Jahre später das gewaltige Inkareich in Südamerika. Auch hier ermöglichten Zwistigkeiten zwischen den Indianern es einer winzigen Schar entschlossener Eroberer, ein riesiges, gut organisiertes Reich zu besiegen.

A1 *Erläutere anhand der Karte die Entwicklung des Inkareiches.*

A2 *Beschreibe den Gesellschaftsaufbau des Inkareiches. Achte vor allem auf Eigentumsregelungen und die Aufgaben von Indios und Inkaherrscher.*

A3 *Weshalb war es für die Spanier entscheidend, den Inkaherrscher in ihre Gewalt zu bekommen?*

Wie lebten die Indios unter spanischer Herrschaft? Den Spaniern ging es vor allem um die reichen Gold- und Silbervorkommen. Hunderttausende versklavte Indios mussten daher unter unmenschlichen Bedingungen in den Bergwerken der Spanier arbeiten. Andere wurden in der Landwirtschaft, oft auf riesigen Zuckerrohr- und Baumwollplantagen, eingesetzt.

Der Bischof Las Casas, selbst Spanier, berichtete:

Q1 *„Die spanischen Aufseher behandelten die versklavten Indianer mit solcher Strenge und Härte, dass man sie nur für Teufelsknechte halten konnte. Sie ließen ihnen bei Tag und Nacht nicht einen Augenblick Ruhe. Sie gaben ihnen Stock- und Rutenhiebe, Ohrfeigen, Peitschenschläge, Fußtritte und nannten sie nie anders als Hunde. Bei der (...) pausenlosen unerträglichen Arbeit, bei der man sie (die Indios) niemals ausruhen ließ, und da sie genau wussten, dass nur der Tod sie davon befreien werde, wie ihre Leidensgenossen, die sie neben sich sterben sahen, ergriff sie eine Verzweiflung (...) und einzelne flohen in die Berge (...)“*

(Las Casas: Bericht über die Verwüstung Indiens)

A4 *Sprecht anhand der Quelle, des Bildes rechts und des Diagramms über das Verhalten der Spanier.*

A5 *Für welche Seite ergreift Las Casas Partei? Was könnten die Gründe dafür sein?*

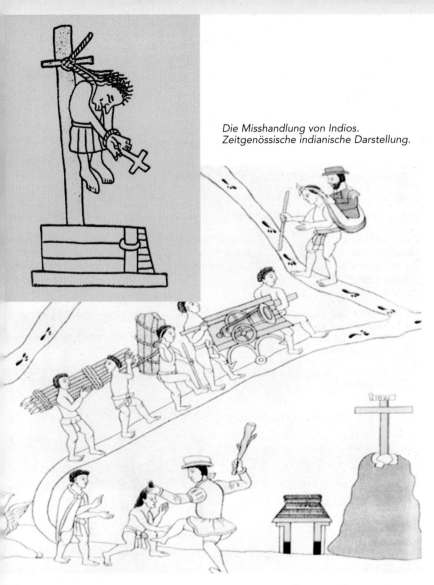

*Die Misshandlung von Indios.
Zeitgenössische indianische Darstellung.*

Schließlich waren durch unmenschliche Behandlung und Seuchen so viele Indios gestorben, dass Arbeitskräfte knapp wurden. Die Eroberer begannen daher, in großem Umfang schwarze Sklaven aus Westafrika nach Amerika zu bringen, die man für kräftiger und widerstandsfähiger hielt. Es entwickelte sich ein reger Handelsaustausch zwischen Amerika, Europa und Afrika, der heute als „Dreieckshandel" bezeichnet wird.

A1 *Was berichtet die Zeichnung (links) über die Leiden der indianischen Bevölkerung?*

A2 *Erläutere den „Dreieckshandel" anhand des Schemas.*

A3 *Versklavte Menschen als Handelsgut: Wie denkst du darüber?*

*Die Bevölkerungsentwicklung in
Mittelamerika (nach Schätzungen)*

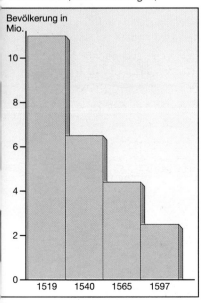

Schematische Darstellung des Dreieckshandels

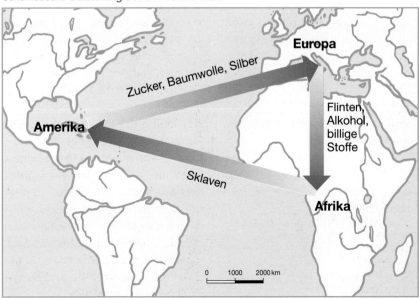

Wie lebten die Ureinwohner Amerikas?

Viele Europäer hielten die Ureinwohner Amerikas für Wilde. Man glaubte, dass sie nur über eine primitive Kultur verfügten. Aber stimmt das wirklich?

Besonders zwei Völkern, den Inkas und den Azteken, war es gelungen, gut organisierte, große und blühende Reiche aufzubauen. Das Reich der Azteken lag im heutigen Mexiko, das Reich der Inkas im heutigen Peru.

Über diese zwei Völker wissen wir inzwischen sehr viel genauer Bescheid als die Menschen früher. Wir wissen zum Beispiel
- wie die Indios wohnten
- wie sie sich ernährten
- wie sie ihre Kinder erzogen
- welche Spiele sie kannten
- wie sie ihr Zusammenleben organisierten
- welche Religion sie hatten.

Einige Informationen über Azteken und Inkas könnt ihr dieser Seite entnehmen. Wenn ihr mehr erfahren wollt, könnt ihr euch in der Bibliothek Bücher zu diesem Thema ausleihen. Am besten teilt ihr euch in Gruppen auf, um verschiedene Bereiche aus dem Leben der Indianer zu erarbeiten. Die Aufzählung oben hilft euch, das große Thema innerhalb der Klasse in kleinere Bereiche aufzuteilen.

A1 *Wenn ihr genügend Informationen gesammelt habt, könnt ihr z. B. zu jedem Bereich ein Plakat anfertigen. Stellt euer Plakat dann euren Mitschülern vor und erklärt ihnen euer spezielles Thema. Vielleicht habt ihr sogar Lust, eine kleine Ausstellung zu organisieren.*

A2 *Sprecht dann gemeinsam darüber, ob die Ureinwohner Amerikas wirklich „Wilde" waren.*

Buchtips:
Sehen, Staunen, Wissen: Azteken, Inka, Maya. Gerstenberg Verlag 1994.
Blick in die Geschichte: Die Azteken. Karl Müller Verlag 1992.
Sicher findet ihr noch viele andere Bücher.

Rekonstruktion des Großen Tempels von Tenochtitlan. Die Plattform oben lag 30 m hoch. Darauf stand links der Schrein des Regengottes, rechts der des Sonnen- und Kriegsgottes. Ihm wurden regelmäßig Kriegsgefangene als Menschenopfer dargebracht. Denn die Azteken glaubten, die Sonne würde nur dann immer wieder aufgehen, wenn man ihr Menschen opferte.

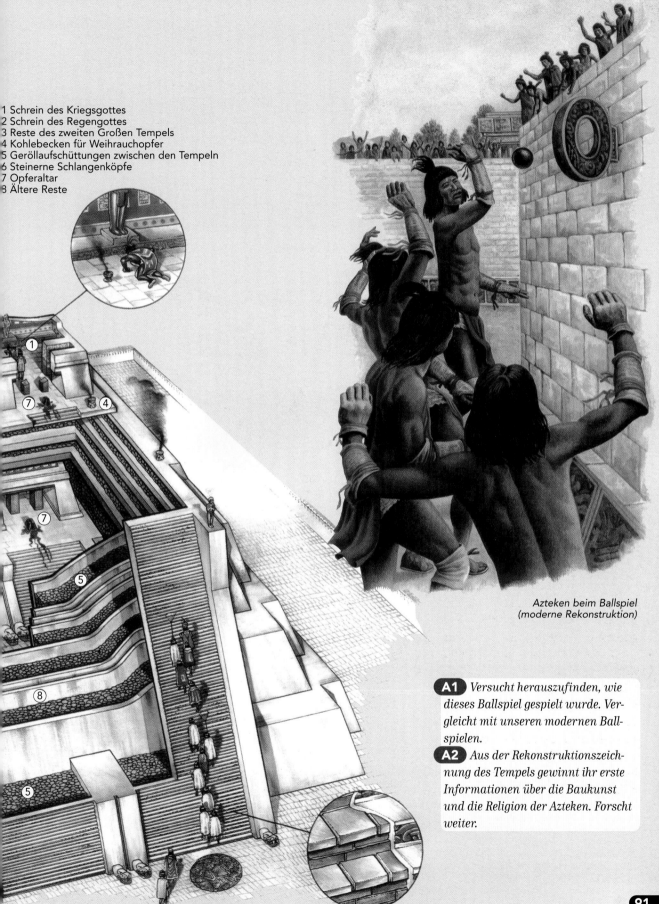

1 Schrein des Kriegsgottes
2 Schrein des Regengottes
3 Reste des zweiten Großen Tempels
4 Kohlebecken für Weihrauchopfer
5 Geröllaufschüttungen zwischen den Tempeln
6 Steinerne Schlangenköpfe
7 Opferaltar
8 Ältere Reste

Azteken beim Ballspiel
(moderne Rekonstruktion)

A1 Versucht herauszufinden, wie dieses Ballspiel gespielt wurde. Vergleicht mit unseren modernen Ballspielen.

A2 Aus der Rekonstruktionszeichnung des Tempels gewinnt ihr erste Informationen über die Baukunst und die Religion der Azteken. Forscht weiter.

3 Begegnung mit dem Fernen Osten

3.1 China – das Reich der Mitte

Schon die Römer hatten Handelsverbindungen nach China, dem sagenhaften Reich im Osten. Dort war über Jahrtausende eine Kultur entstanden, die der europäischen in vielen Bereichen überlegen war. Lange vor den Europäern konnten die Chinesen z. B. Porzellan herstellen, mit dem Magnetkompass den Kurs von Schiffen bestimmen und Bücher drucken. Die Seide war seit etwa 2000 v. Chr. das begehrteste Handelsgut aus China. Durch ganz Asien, über die Seidenstraße, gelangte sie nach Europa. Dort wurde sie zeitweilig mit Gold aufgewogen. Erst im frühen Mittelalter lüfteten Europäer das Geheimnis der Seidenherstellung. Mönche hatten Eier der Seidenraupe aus China herausgeschmuggelt.

A1 Erkläre die Bedeutung der einzelnen Erfindungen.

A2 Welche Schlüsse über die Kultur Chinas kannst du aus der Tabelle ziehen?

in China		in Europa
um 450 v. Chr.	Armbrust	12. Jh.
um 200 v. Chr.	Blutkreislauf	1618
um 1041	Buchdruck mit beweglichen Lettern	um 1450
seit 600	Eisenkettenhängebrücke	1741
2. Jh.	Erdgas als Brennstoff	20. Jh.
vor 500 v. Chr.	Gusseisen	um 1400
1. Jh.	Heckruder	um 1050
1. Jh.	Papier	um 1100
um 1000	Schießpulver	um 1200
1. Jh.	Schubkarre	um 1100
vor 2000 v. Chr.	Seide	um 600

Erfindungen und Entdeckungen in China und Europa

Feuerwaffen sind ebenfalls eine chinesische Erfindung.

Schild zum Schutz des Soldaten

Mehrfachgewehr feuert einen Kugelhagel ab

A3 Beschreibe die Funktionsweise dieser Waffe.

Die Zeichnung aus dem 10. Jh. zeigt, wo am Arm Akupunkturnadeln gesetzt werden können. Auch in der Medizin waren die Chinesen lange Zeit führend. Die Akupunktur, die Behandlung durch Einstiche feiner Nadeln an bestimmten Körperstellen, kennen die Chinesen seit etwa 2000 Jahren.

Näher bekannt mit dem geheimnisvollen Land im Osten wurden die Europäer durch die Reiseberichte des Marco Polo. Der junge Kaufmann aus Venedig hatte das Vertrauen des mongolischen Herrschers Kublai-Chan erworben, zu dessen Weltreich damals auch China gehörte. 1271 reiste er auf dem Landweg quer durch Asien nach China und kehrte erst 24 Jahre später über Sumatra, Ceylon und Persien zurück. Als Gast des Groß-Chans (= oberster Herrscher) hatte er jahrelang fast alle Provinzen Chinas be-

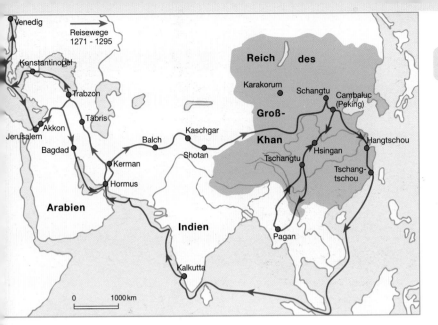

Die Reisewege des Marco Polo

reisen können. Die weite Verbreitung seiner Berichte und die Schätze, die er aus China mitbrachte, steigerten den Wunsch der Europäer, die sagenumwobenen Länder im Osten kennen zu lernen.

Die hohe Kultur der Chinesen hatte mit der Organisation ihres Reiches zu tun. Typisch für die Geschichte Chinas seit früher Zeit war die Zentralisierung, d.h. der von Beamten straff verwaltete Einheitsstaat mit dem Kaiser an der Spitze. So konnten ausgeklügelte Bewässerungssysteme, Straßen und planvoll angelegte Städte entstehen. Maße, Gewichte, die Währung, sogar die Spurbreite der Wagen wurden vereinheitlicht. Vor allem für Großbauten mussten die Untertanen jedoch oft Zwangsarbeit leisten und große Entbehrungen erleiden. Der Tod tausender Arbeitskräfte war nicht selten die Folge. Die mehr als 2200 km lange Chinesische Mauer, das größte Bauwerk der Welt, ist ebenfalls Ausdruck dieses staatlichen Systems. Aber sie ist auch ein Zeichen für die äußere Bedrohung Chinas. Denn immer wieder drangen kriegerische Nomadenvölker

aus dem Norden ein, so auch die Mongolen, die China von 1264 bis 1368 beherrschten.

A1 *Beschreibe anhand der Karte den Reiseweg Marco Polos. Bestimme mithilfe des Maßstabs und eines Fadens die ungefähre Länge der Reiseroute.*

A2 *Diskutiert Vor- und Nachteile eines solchen „zentralistischen" Systems.*

3.2 Eine Gesellschaft mit strengen Regeln

In der chinesischen Gesellschaft gab es eine strikte Rangordnung und genaue Regelungen des Umgangs miteinander. Der Lehre des Philosophen Konfuzius folgend war Gehorsam gegenüber dem Ranghöheren selbstverständlich. An der Spitze der Gesellschaft stand der Kaiser. „Himmelssohn" wurde er genannt, denn seinen Herrschaftsanspruch leitete er aus der Verbindung zu göttlichen Mächten ab. Naturkatastrophen wurden vom Volk als Störung der Harmonie zwischen dem Kaiser und diesen Mächten gedeutet. Dann drohte Aufruhr und die Stellung des Kaisers war gefährdet. Nach dem Adel kam die Schicht der Gelehrten und der Beamten. Aus der Gruppe der Schriftkundigen wurden durch staatliche Prüfungen die Mandarine ausgewählt, die als Beamte für die Verwaltung des Reiches verantwortlich waren. Die breite Schicht der Händler, Handwerker und vor allem der Bauern bildete die Basis dieser Gesellschaft.

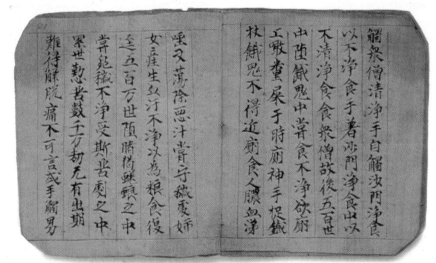

Etwa 40 000 dieser Schriftzeichen mussten chinesische Schreiber beherrschen.

A3 *Vergleiche mit dir bekannten Schriften.*

A4 *Welche Vorteile hat eine Buchstabenschrift?*

A1 *Beschreibe die Abbildung oben.*

A2 *Was könnte sie mit dem „zentra-listischen" System Chinas zu tun haben?*

Der Palast des chinesischen Kaisers in Peking. Darstellung aus dem 18. Jh.

Chinesisches Familienleben. Darstellung aus dem 12. Jh.

Auch die Familie, nach Konfuzius der Mittelpunkt des täglichen Lebens, unterlag genauen Verhaltensregeln. Besondere Einschränkungen brachte das für die Frauen. Sie wurden mit der Heirat Eigentum des Mannes. Sie mussten nicht nur ihm, sondern auch den Schwiegereltern dienen. Nur durch die Geburt von Söhnen konnten sie an Ansehen gewinnen.

A3 *Beschreibe die Rolle der Kinder auf dem Bild rechts und vergleiche mit unserer heutigen Situation.*

Q1 Diese „Vorschriften für Frauen" aus dem 2. Jahrhundert wurden für mehr als tausend Jahre maßgeblich für die Erziehung der Mädchen:

„Eine Frau soll sich bescheiden vor anderen beugen, (...) ihre Wünsche zurücknehmen. Demütigungen soll sie hinnehmen und auch ertragen, wenn andere übel zu ihr reden. Stets soll sie aussehen, als ob sie sich fürchtet. Sie soll spät zu Bett gehen und früh ihren Pflichten nachkommen, weder am Tag noch bei Nacht sich vor häuslicher Arbeit scheuen (...). (Gegenüber den Schwiegereltern) gleicht nichts an Bedeutung der zwingenden Pflicht zum Gehorsam. (...) Denk nicht an Widerstand oder Diskussion (...)."

(Kuhn, A.: Chronik der Frauen, S. 136)

A1 *Beschreibe die Rolle der Frau. Vergleiche mit unseren heutigen Vorstellungen.*

A2 *Du kannst bestimmt erklären, warum die Männer und nicht Mutter und Tochter am Hausaltar opfern.*

Opfer vor dem Hausaltar (17. Jh.)

Auch die Mode zeigte den begrenzten Freiraum der Frauen. Ausgehend von der Oberschicht, verbreitete sich seit dem 10. Jahrhundert das Schönheitsideal der „Lotusfüße". In einer jahrelangen, schmerzhaften Prozedur wurden jungen Mädchen durch Einschnürung erst die Zehen, dann Ferse und Fußspitze so zusammengepresst, dass der Fuß möglichst nicht länger als 7 bis 8 cm wurde. Nur in Trippelschritten bewegten sich diese Frauen. Sie konnten das Haus nicht allein verlassen und galten gerade deswegen als besonders tugendhaft und angesehen. Daher erzielten sie einen hohen Brautpreis, was die weitere Verbreitung dieser grausamen Sitte noch förderte. Erst im 20. Jahrhundert wurde dieser Brauch endgültig abgeschafft.

A3 *Welchen Zusammenhang siehst du zwischen der Stellung der Frau in der Gesellschaft und der Verkrüppelung ihrer Füße?*

3.3 Fernöstliches Denken

Wie die gesamte Kultur, so unterscheiden sich auch Philosophie und Religionen des Fernen Ostens grundlegend von denen Europas. Für viele Europäer besitzen sie heute Anziehungskraft. Die Lehre des Philosophen Konfuzius (551–479 v. Chr.) und seiner Schüler wurde wegweisend für Kultur und Gesellschaft Chinas. Verhaltensregeln für alle Bereiche zwischenmenschlicher Beziehungen stehen im Vordergrund seiner Lehre. Menschenliebe, Rechtschaffenheit, Ehrerbietung und Schicklichkeit gelten als wesentliche Tugenden.

Q1 Die drei Eigenschaften. Aus der Lehre des Konfuzius:

„Weisheit, Menschlichkeit, Mut. Diese drei sind die immer wirksamen Geisteskräfte auf Erden. Zu ihrer Ausübung ist eines notwendig, die Entschlossenheit, ans Ziel zu kommen. (...) Liebe zum Lernen führt hin zur Weisheit, kräftiges Handeln führt hin zur Menschlichkeit, sich schämen können führt hin zum Mut. Wer diese drei Dinge weiß, der weiß, wodurch er seine Person zu bilden hat. Wer weiß, wodurch er seine Person zu bilden hat, der weiß, wodurch er die Menschen ordnen kann. Wer weiß, wodurch er die Menschen ordnen kann, der weiß, wodurch er die Welt, den Staat, das Haus ordnen kann."

(Liji: Das Buch der Sitte, S. 35)

A4 *Beschreibe den Inhalt in deinen Worten.*

A5 *Welche Bedeutung haben „Ordnung" und „Lernen"?*

A6 *Vergleiche mit unseren Wertvorstellungen.*

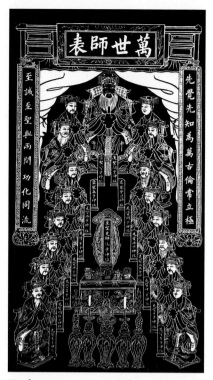

Konfuzius mit seinen Schülern, Holzschnitt um 500 v. Chr.

A1 *Vergleiche die Darstellung des Konfuzius mit den Ordnungsvorstellungen seiner Lehre.*

Wahrscheinlich ein Zeitgenosse des Konfuzius war Laotse. Der Legende nach machte er sich, enttäuscht von den Menschen, auf den Weg in die Einsamkeit, um zu sterben. Ein Grenzwächter hielt ihn auf und bat ihn, seine Gedanken niederzuschreiben. So soll das Buch „Taoteking" entstanden sein, das Buch vom „Weg". Seinen Weg zu gehen, einfach da zu sein, ohne die Dinge ändern zu wollen, sanftmütig im Einklang mit der Natur zu leben, sind Forderungen des Taoismus, der Lehre Laotses.

A2 *Laotse wird immer als alter Mann dargestellt. Was soll damit wohl ausgedrückt werden?*

Q2 Das Taoteking endet so:
„Die Weisen horten nichts. Je mehr man für andere tut, desto mehr hat man.(...) Die Art des Himmels ist zu nutzen, nicht zu schaden. Die Art der Weisen ist zu handeln, ohne zu streiten."
(Bubolz, G.: Religionslexikon, S. 305)

A3 *Fasse die für dich wichtigsten Gedanken zusammen.*
A4 *Wo liegen Unterschiede zu den Aussagen des Konfuzius?*
A5 *Du hast bereits von der Lehre Jesu Christi gehört. Siehst du im Taoteking Ähnlichkeiten?*

Aus Indien stammt der Buddhismus, der sich in Asien, gerade auch in China, weit verbreitete. Er fasziniert heute auch manchen Europäer. Sein Gründer, Siddharta Gautama, wurde um 560 v. Chr. als indischer Prinz geboren. Er wuchs, der Überlieferung nach, abgeschirmt vom Alltag der Bevölkerung in einer isolierten Welt des Luxus auf. Doch eines Tages sei er außerhalb des Palastes dem Elend der Welt, Krankheit und Tod begegnet. Daraufhin habe er seine Familie verlassen, um als Einsiedler die Frage zu lösen, wie das Leiden in die Welt

Chinesische Darstellung des Laotse

kommt und wie man es überwinden könnte. Nach Jahren der Meditation sei ihm unter einem Feigenbaum eine Eingebung gekommen, die er in langen Wanderjahren verbreitete und die ihm den Titel „Buddha" (der Erleuchtete) brachte.

Aura (Heiligenschein) verdeutlicht die Ausstrahlung des Buddha

Buddha auf heiligem Lotos

Neueres Buddha-Bildnis für die häusliche Anbetung

A6 *Der Heiligenschein, Zeichen der göttlichen Ausstrahlung, müsste dir bekannt vorkommen.*

Nach buddhistischem Glauben ist die Gier nach Leben und Lust der Grund des Leidens in der Welt, das in einem Kreislauf von Tod und Wiedergeburt ewig fortdauert. Nur durch Überwindung der Lebensgier und Verzicht auf alle weltlichen Genüsse könne der Mensch das Leiden beenden und sich aus dem Kreislauf der Wiedergeburten lösen. Dieser Heilszustand der Befreiung wird „Nirwana" (Verlöschen) genannt. Durch den „Pfad des rechten Wollens, Redens, Lebens und Sichversenkens (Meditieren)" soll das Nirwana erreicht werden.

A7 *Siehst du Gründe, weshalb der Buddhismus in Westeuropa, einer relativ reichen Region, zunehmend Interesse findet?*

3.4 Japan – Samurai und Shogunat

Japan ist heute eine der führenden Industrienationen. Als erstes Land in Asien schuf es eine moderne Industriegesellschaft nach westlichem Muster und bewahrte doch gleichzeitig seine eigene Kultur. Damit wurde es Vorbild für viele asiatische Staaten.

Bis ins 19. Jahrhundert war Japan ein Feudalstaat. Kriegerische Traditionen spielten eine große Rolle. Im Mittelalter herrschten Heerführer, die Shogune, die sich gegenseitig bekämpften. Ihre Gefolgsleute, die Samurai, bildeten den ersten Stand, der sich Bauern, Handwerkern und Händlern weit überlegen fühlte. In manchem ähnelten die Samurai den europäischen Rittern. Wenn sie nicht im Kriegseinsatz waren, dienten sie ihren Herren als Beamte und Verwalter. Samurai handelten nach einem strengen Ehrenkodex, dem Bushido. Gehorsam und Treue bis in den Tod gegenüber ihrem Herrn, dem Shogun oder einem Adligen, waren wichtige Tugenden. Drohte Gefangennahme oder Ehrverlust, sollte der Samurai Selbstmord begehen. Die traditionelle Methode, das qualvolle Harakiri durch Bauchaufschlitzen, war den Samurai vorbehalten, niedrigeren Ständen war es sogar verboten.

Adel und Samurai lebten von der Arbeit der Bauern, die etwa 90 Prozent der Bevölkerung ausmachten. Sie bauten vor allem Hirse und Weizen an. Als sich Japan im 19. Jahrhundert unter europäischem Einfluss modernisierte, verloren die Samurai ihre ursprünglichen Aufgaben. Dennoch konnten sie sich in der neuen Gesellschaft behaupten und stiegen vielfach in leitende Positionen von Wirtschaft und Staat auf. Ihre Verhaltensregeln und strenge Moral behielten bis heute großen Einfluss auf die japanische Gesellschaft.

A1 *Beschreibe die Bilder. Wie interpretierst du Körperhaltung und Gesichtsausdruck?*

Samurai mit lackiertem Eisenpanzer. Die zwei Schwerter, die jeder Samurai trägt, sind sein wichtigstes Kennzeichen.

Samurai im Kampf, zeitgenössische Darstellung

A1 *Woran kann man erkennen, dass diese Frau eine besondere Zeremonie durchführt?*

Die Teezeremonie, von buddhistischen Mönchen eingeführt, gilt als Ausdruck der hohen Kultur Japans. Sie verkörpert Harmonie und ist weit mehr als nur ein geselliges Beisammensein.

3.5 Japan und der Westen

Für viele Reiche und Kulturen in Übersee bedeutete der Kontakt mit den Europäern den Untergang. Nicht so für Japan. Seit 1543 knüpften portugiesische Händler Kontakte. Bald hatten auch christliche Missionare, vor allem Jesuiten, Erfolge im buddhistischen Japan. Die Adelshäuser in Europa waren ganz versessen auf japanische Güter. Und auch die Herrscher Japans interessierten sich für Europa. Doch 1637 unterbrach der Shogun den Kontakt zu Portugal und ließ keine Europäer mehr ins Land. Ein Aufstand christlicher Japaner war der Auslöser.

Q1 Ein japanischer Bericht 1639 über die Jesuiten:

„Sie (die Jesuiten) gingen auf die Straßen und sammelten Bettler und die Aussätzigen der Gesellschaft. Bettler erhielten eine Mahlzeit, wenn sie den Wunsch äußerten, Mitglieder dieser Religion zu werden (...). Jenen, die sie für große Fürsten hielten, machten sie Geschenke (...) und verleiteten sie schließlich zum Beitritt zum Christentum. Sie nahmen jeden auf und wiesen keinen ab. Und auf diese Weise sammelten sie eine Reihe von Tunichtguten um sich."

(George, E.: Deus destroyed, Übers. T. Sohn, S. 332)

A2 *Beschreibe das Vorgehen der Missionare. Vergleiche mit der Missionierung z. B. in Lateinamerika.*

A3 *So sahen Japaner Europäer. (Bild rechts) Was fällt auf?*

Japanische Darstellung eines Portugiesen

Für 200 Jahre blieb Japan nun in selbstgewählter Isolation. Nur die protestantischen Niederländer durften einen streng kontrollierten Handelsposten unterhalten. Einmal im Jahr kam eine Abordnung der Holländer an den Hof des Shogun. So erfuhren die Japaner über Veränderungen in der Welt und übernahmen Neuerungen, die ihnen geeignet erschienen.

Erst ab 1853 erzwangen Amerikaner eine allmähliche Öffnung des bis dahin „mittelalterlichen" Japan. Es folgte eine rasante Modernisierung, die Japan schließlich auf einigen Gebieten an die Spitze der wirtschaftlichen und technologischen Entwicklung brachte. In der ersten Hälfte des 20. Jahrhunderts war Japans Aufstieg jedoch auch mit einer Politik der kriegerischen Unterdrückung und Ausbeutung seiner Nachbarn verbunden.

A4 *Überlege, welche Vor- und Nachteile die selbstgewählte Isolierung Japan brachte.*

4 Renaissance und Humanismus

4.1 Ein neues Bild der Welt

Im Mittelalter glaubten die meisten Europäer, alles stünde schon in der Bibel und in den Büchern der „Kirchenväter". Die göttliche Ordnung war nicht von Natur aus in dieser Welt zu sehen. Man konnte sie sichtbar machen, indem man z. B. dem König oder Papst eine besondere Kleidung gab. Maler hatten noch eine andere Methode: Sie malten die wichtigen Leute größer.

Schon zur Zeit Heinrichs des Seefahrers meinten immer mehr Menschen, man müsste selbst genau hinschauen, wenn man etwas dazulernen wollte. Sie glaubten, die göttliche Ordnung sei in der Natur sicht-

Die Anbetung der Könige (um 1000)

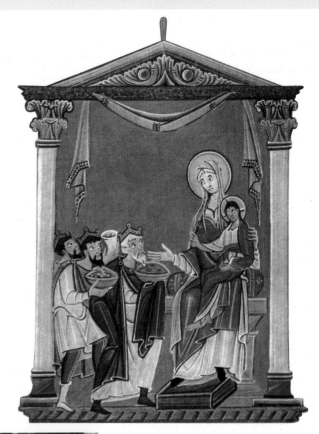

Die Geburt Christi

bar, wenn diese nur genau betrachtet würde. Für Maler hieß das: Wenn wir die Natur genau nachbilden, dann erkennt der Betrachter ihre Ordnung, die zugleich die göttliche Ordnung ist. Das bedeutete auch: den Vordergrund groß, den Hintergrund kleiner zu zeichnen. Das erreicht man dadurch, dass man alle wichtigen in die Tiefe führenden Linien in einem zentralen Punkt zusammenlaufen lässt (Zentralperspektive).

A1 *Das eine Bild auf dieser Seite stammt von Albrecht Dürer (1471–1528), das andere wurde um 1000 gemalt. Ordne jeweils der Zeit zu und begründe deine Meinung.*

A2 *Vergleiche die Bilder auf dieser Seite: Welches Thema stellen sie dar? Beschreibe die Unterschiede.*

A3 *Welches Bild hat eine Zentralperspektive? Lege ein Transparentpapier auf das Bild und zeichne die wichtigsten Linien ein. Wo liegt der Punkt, in dem sie sich treffen?*

4.2 Experimente und Erfindungen

Wenn die Natur die Ordnung Gottes ist, darf man sie auch erforschen, um Gottes Wirken zu erkennen und Nützliches für das Diesseits zu leisten. Im Mittelalter kam es auf das ewige Leben an. Selbst etwas erkennen zu wollen, war eher eine Sünde. Jetzt glaubten immer mehr Leute, Gottes Willen zu erfüllen, indem sie beobachteten, experimentierten und Erfindungen machten.

Der berühmte Maler Leonardo da Vinci ist ein Musterbeispiel dafür. Er malte Menschen so, wie sie aussahen, z. B. die berühmte Mona Lisa. Im einzelnen Bild sollte aber auch die Ordnung, das Allgemeine am Menschen zu sehen sein. Deshalb studierte er die Größenverhältnisse. Er schuf die nebenstehende Zeichnung eines Menschen in einem Kreis und einem Quadrat und schrieb dazu:

Q1 „*Wenn du deine Beine so weit auseinander stellst, dass du um ein Vierzehntel kleiner wirst, und wenn du deine Arme so hochhebst, dass du mit den Mittelfingern die vom Scheitel ausgehende Linie berührst, wisse, dass der Mittelpunkt deiner ausgestreckten Gliedmaßen dein Nabel ist (...) Der Mensch kann seine Arme so weit ausbreiten, wie er groß ist.*"
(Chastel, A.: Leonardo da Vinci, S. 291)

A1 *Nimm einen Zollstock und überprüfe, ob da Vinci Recht hatte.*

Wie viele andere Künstler wollte er auch nützliche Dinge erfinden. Wir wissen aus Zeichnungen und seinem Tagebuch, dass er einen Flugapparat entwickelt hat. Ob er funktioniert hat, wissen wir nicht. Aber die von ihm erfundene Fahrradkette ist noch heute unentbehrlich.

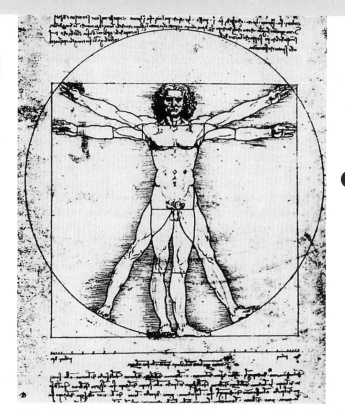

Die Proportionen (= Größenverhältnisse) des menschlichen Körpers. Zeichnung von Leonardo da Vinci.

A2 *Vergleiche Leonardos Text mit seiner Zeichnung.*

Das erste gedruckte Bild eines Fallschirmes. Aus dem Buch Machinae Novae (Neue Maschinen) des Fausto Veranzio von 1616.

A3 *Vergleiche die Zeichnung mit dem dazugehörigen Text (Q2) auf der folgenden Seite.*

A1 *Lies die folgende Erklärung zu dem Bild in alter deutscher Sprache. Dabei musst du beachten, dass man ein wenig anders schrieb als heute, z. B. vv statt w, u statt v.*

A2 *Schreibe die Erklärung mit eigenen Worten.*

Q2 „Ein fliegender Man
In einem viereckigen segeltuech, vvelches mit uier gleichen staenglin auffgespant, und an den uier eggen mit stricklin vvol angebunden, kan sich ein man ohne alle gfar uon einem thurn oder anderen hochen orth sicherlich herab lassen. Dan ob gleich damals kein vvind vvaere, vvirdt doch der gevvalt des fallenden mans einen vvind machen, vvelcher das tuech auffhalten vvirdt, damit es nicht gaheling [jählings] hinab platze, sondern allgemach sich niderlasse. Doch solle die mas des mans mit der groesse des tuechs eben zuetreffen.“

(Klemm, F./Wissner, A. [Hg.]: Fausto Veranzio, Machinae Novae, S. 15)

Ärzte lernten nicht nur, was schon aufgeschrieben war. Sie zerlegten (sezierten) die Körper von Toten, um mehr zu verstehen und besser hel-

fen zu können. Im Mittelalter war das verboten gewesen. Viele versuchten, die Ursachen der Pest, die immer wieder ausbrach, zu erforschen. Schon damals erkannten einige, dass Kriege und Hungersnöte viele Menschen krank machen.

Die Bauten der Zeit kann man schon von außen erkennen: Sie haben einfache rechteckige Grundrisse. Ihre Außenwände (Fassaden) sind streng gegliedert (Rechtecke, Halbkreise, flache Giebel). Auch im Inneren gab es wichtige Veränderungen: Es sollte ein großer Raum entstehen („Einräumigkeit“).

4.3 Städte und Gelehrte

Viele Erkenntnisse und technische Fortschritte wurden in Florenz ausgeknobelt. Jahrhundertelang herrschten dort die Medici, eine besonders reiche Familie von Bankiers. Sie gaben viel Geld aus, um Künstler und Gelehrte in ihre Stadt zu ho-

A3 *War Florenz eine reiche oder eine arme Stadt? Woran kann man das auf dem Bild erkennen?*

len. In ihren „Künstlerwerkstätten“ arbeiteten Männer, die in Kunst, Technik, Mathematik, Physik, Geschichte, Sprachen und überhaupt in den Wissenschaften ausgebildet waren.

Auch in anderen Städten gab es solche Gelehrte. Ohne den Reichtum der norditalienischen Städte hätten die meisten kaum leben können. Oft hatten sie gut bezahlte Ämter, andere lebten von kirchlichen „Pfründen“, von Einkünften ohne Arbeit. So hatten sie Zeit. Sie entwickelten für die Forschung ein bis heute wichtiges Verfahren, mathematische Gesetzmäßigkeiten zu erkennen: Sie schoben z. B. Gewichte auf einer Wippe hin und her, bis sie das Verhältnis von Kraft und Hebellänge (Drehmoment) in einer Formel ausdrücken konnten. So etwas heißt Erkenntnisexperiment. Darauf beruht unsere heutige Prüftechnik (z. B. Bremsenprüfstand für Autos).

A4 *Überlege, welche Vorteile es hat, wenn man eine Frage – z. B. „Wie baue ich ein Haus ohne Gerüst?“ – in mathematischen Formeln ausdrücken kann.*

Florenz um 1561/62

Schmiede mit Wasserantrieb für Schwanzhammer und Doppelblasebalg (Kupferstich um 1580)

A4 *Erkläre, wie die rechts unten abgebildete Anlage funktionierte.*

Ein „Großverbraucher" von Energie war der Bergbau. Hauptproblem war, Abraum, Erz und das sich sammelnde Wasser aus dem Bergwerk nach oben zu schaffen. Dafür brauchte man viele Menschen als „Antrieb". In der Renaissance gelang es erstmals, das Wasser auch mechanisch zu heben, in großen Ledersäcken (Bulgen), aber mehr und mehr auch durch leistungsfähige Pumpen.

A5 *Diskutiere die Vor- und Nachteile der abgebildeten Förderanlagen.*

A6 *Die unten rechts abgebildete Anlage ersetzte rund 600 „Wasserknechte". Überlege die Folgen für die Arbeitssituation dieser Menschen.*

Die Namen von Leuten, die im Mittelalter etwas erfunden haben, kennen wir meist nicht. Erfinder waren wenig geachtet. 1474 wurde in Venedig ein Gesetz beschlossen. Das sollte die Interessen derjenigen „scharfsinnigen Köpfe" schützen, „die es verstehen, mancherlei nützliche und kunstreiche Gegenstände auszudenken und zu erfinden." Die Erfindungen sollten der Gesellschaft nützen, neu sein und ihren erklärten Zweck erfüllen. Dann sollte die Ehre und der Gewinn dem Erfinder zustehen (Patentrecht).

A1 *Überprüfe, ob das Patentgesetz auf die oben abgebildete Schmiede passt.*

A2 *Was geschah, wenn der Erfinder sein Patent bekannt machte? Hatte er Vorteile davon?*

A3 *Überlege, ob dies Gesetz die Erfinder ermunterte oder abschreckte.*

4.4 Woher kam die Energie?

Eine Hauptschwierigkeit im Alltag um 1500 war die Bereitstellung von Antriebsenergie. Außer der Muskelkraft von Mensch und Tier hatte man nur Wind, Wasser und Schwerkraft. Es gab ja noch keine Motoren, um z. B. eine Pumpe oder einen Blasebalg anzutreiben. Wind konnte man nicht speichern. Er konnte daher z. B. für eine Bergwerkspumpe gar nicht eingesetzt werden. Bei einer Uhr konnte man ein Gewicht als Energiespeicher nutzen (Schwerkraft). Wasser musste man aufstauen, um bei Trockenheit eine Reserve zu haben oder überhaupt genügend Fließgeschwindigkeit zu erreichen. In der Ebene, wo die Flüsse schlecht gestaut werden konnten, musste man mit einem Trick arbeiten (Bild nächste Seite oben).

Bergleute mit vollem Förderkorb (Fenster im Münster zu Freiburg i. Br. zwischen 1340 und 1350)

Für Heben bzw.
Senken umsteuer-
bares Kehrrad
mit Förderkette
und Bulge (1556)

4.5 Der Humanismus – die Antike wird neu entdeckt

Papst Leo X. beim Lesen einer Handschrift. Gemälde von Raffael um 1518.

Wie der Papst auf dem Bild, so lasen auch andere Gelehrte antike Bücher und Handschriften. Dazu musste man gut Griechisch und Latein können. Es gab Gelehrte, die sich hauptsächlich damit beschäftigten: die Humanisten. Der Berühmteste von ihnen war Erasmus von Rotterdam.

Viele Gelehrte glaubten, dass in ihrer Zeit die Antike wieder geboren würde. Deshalb heißt diese Zeit Renaissance (Wiedergeburt). Die Gelehrten wollten das Wissen und Können vermehren und die Gesetzmäßigkeiten in der Natur finden.

Nicht immer wurde das begrüßt. Mit Nikolaus Kopernikus begann 1543 die Überwindung des bisherigen Weltbildes, wonach die Erde als der Mittelpunkt des Weltalls (geozentrisches Weltbild) galt. Er behauptete, dass die Planeten um die Sonne kreisen (heliozentrisches Weltbild). Galileo Galilei wollte die Bewegung der Sterne berechnen und erklären. Dazu schaute er nicht nur in Bücher, sondern auch durch Fernrohre, die er selbst gebaut hatte. Als er zu dem gleichen Schluss kam wie Kopernikus, dass die Erde sich um die Sonne dreht und nicht umgekehrt, bekam er Schwierigkeiten: Weil es der Lehre der Kirche widersprach, wurde er zu lebenslanger Haft verurteilt. Das Urteil wurde später in Hausarrest umgewandelt, aber erst 1992 vom Papst aufgehoben.

A1 *Warum bekam Galilei Schwierigkeiten?*

A2 *Was schließt du daraus, dass das Urteil gegen ihn erst 1992 aufgehoben wurde?*

Die Humanisten bemühten sich ernsthaft, Bildung zu verbreiten. Ickelsamer z. B. erfand eine leichtere Methode zum Lesenlernen und Adam Riese verfasste neue Lehrbücher zum Rechnen. Trotzdem lernten die meisten Leute wenig, konnten ihre Vernunft nicht trainieren und waren oft auch noch abergläubisch. Die meisten konnten sich gar keine Bildung leisten.

A3 *Der Humanist Thomas Morus schrieb: „Wer nichts oder wenig gelernt hat, wird leicht arm." Erkläre den Satz und diskutiere, ob er heute noch gilt.*

Humanistische Bildung konnte man an den Universitäten erwerben. Die meisten gab es in Norditalien. Karl IV. gründete 1348 in Prag eine neue Universität:

Q1 *„Er wollte, dass die Prager Universität in jeglicher Hinsicht nach der Sitte und Gewohnheit der Pariser Hochschule geordnet und geleitet werde, auf der einst der König selbst in seinen Jünglingsjahren studiert hatte. Die Magister, die Vorlesungen hielten, sollten immer, Jahr für Jahr, ein bestimmtes Gehalt empfangen. So wurde in der Stadt Prag eine Universität gegründet, die in allen Ländern Deutschlands nicht ihresgleichen fand, und es kamen aus fremden Ländern, wie England, Frankreich, der Lombardei, Ungarn und Polen sowie aus den einzelnen benachbarten Ländern, Studenten hierher, auch Söhne von Edlen und Fürsten. Die Stadt Prag erlangte durch die Universität großen Ruhm und wurde in fremden Ländern so bekannt, dass wegen der Menge der Studierenden das Leben beträchtlich teuer ward."* (Benesch Krabice von Weitmühl, Chronik)

A4 *Nach welchem Vorbild wurde die Universität Prag gegründet und warum?*

A5 *Suche auf einer Karte die Länder, aus denen Studenten kamen.*

A6 *Warum sind die Studentinnen nicht erwähnt?*

4.6 „Die schwarze Kunst"

Der Fortschritt hätte nicht so groß sein können, wenn nicht der Goldschmied Johannes Gutenberg ein neues technisches Verfahren zur billigeren Herstellung von Büchern erfunden hätte, das durch seine Gesellen schnell verbreitet wurde. Der Abt Trithemius von Sponheim (1492–1516) schrieb darüber:

Q1 *„Sie erfanden die Kunst, die Formen aller Buchstaben (...) zu gießen. Diese Formen nannten sie Matrizen, und aus ihnen gossen sie hinwiederum eherne oder zinnerne, zu jeglichem Drucke geeignete Buchstaben. Solche hatte man früher mit den Händen geschnitten."*
(Historisch-politisches Quellenbuch, Bd. 1, S. 267 f.)

Schreibstube um 1040

Rekonstruktion einer Druckereiwerkstatt im 16. Jh.

A1 *Vergleiche die beiden Abbildungen. Beschreibe die Vorgänge beim Drucken.*

Auch viele Privatleute konnten sich jetzt Bücher leisten. Nun konnten Bücher gedruckt werden, die vorher niemand hätte kaufen wollen, weil sie zu teuer waren. Noch im ersten halben Jahrhundert nach Gutenbergs Erfindung erschienen etwa 30 000 Bücher und etwa 13 Millionen Flugschriften. Auf jeden fünften Europäer kam ein Buch oder eine Flugschrift. Das war ein großer Fortschritt.

A2 *Vergleiche den europäischen Bücherbestand von 1500 mit deinem persönlichen Bücherschatz.*

5 Neuer Reichtum

5.1 Der Fernhandel

Der Reichtum der Städte, der Renaissance und Humanismus überhaupt erst ermöglichte, kam in erster Linie aus dem Fernhandel. Schon lange wurde am Handel mit Gewürzen aus Südostasien gut verdient. Eine neue Verdienstquelle verknüpfte Fernhandel und Produktion: Englische Wolle wurde in Florenz und anderen Städten weiterverarbeitet.

Daneben betrieben die großen Handelsunternehmen Bankgeschäfte. Die bargeldlose Abwicklung von Geschäften konnte nur durch Kaufleute vorgenommen werden, die Mitarbeiter in anderen Städten hatten. Florentiner Kaufmannshäuser zahlten dem Papst seine Einkünfte aus England in Italien aus, trieben diese Einkünfte in England selbst ein und kauften dafür an Ort und Stelle die Wolle, die sie brauchten.

Bei den weltweiten Geschäften mit Antwerpen, Venedig, Lissabon, London usw. konnte der Kaufmann nicht mehr selbst mit seiner Ware umherziehen wie der auf dem Bild links unten. Er hatte in verschiedenen Städten ortskundige Vertreter. Kaufleute mussten schreiben und rechnen können und gute Buchführung machen, um die Übersicht zu behalten. Auf der übernächsten Seite siehst du die jetzt typische Tätigkeit eines Kaufmanns.

5.2 Transport und Verkehr

Nötig war auch ein sicheres Verkehrsnetz. Am billigsten und schnellsten war der Transport auf dem Wasser. Die Straßen waren meist sehr schlecht, beladene Wagen konnten nur im langsamen Fußgängertempo fahren und hatten trotzdem oft Pannen.

Q1 *„Wenn ein Fuhrmann mit seinen Gerätschaften, er sei gleich von Basel oder Straßburg und so fremd und unbekannt er wolle, vor die Tore bei nächtlicher Zeit kommt (...), so*

Links: Nürnberger Kaufmann um 1440

A1 *Woran kannst du erkennen, dass hier ein Kaufmann abgebildet wurde?*

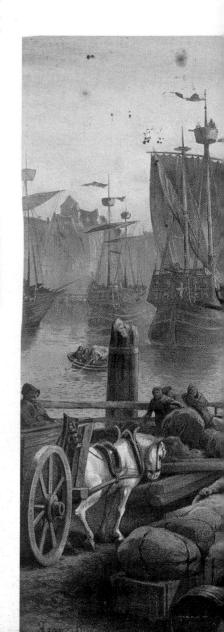

wird er mit seinen Fuhrwerken einigen Wirten zu Gefallen eingelassen. Bürger aber, die sich verspäten, müssen draußen vor den Pforten bleiben (...)"

(Hanauer Artikel, Abschnitt 19, zitiert nach: Franz, G.: Quellen zur Geschichte des Bauernkrieges)

A1 Überlege, warum Fuhrleute so gut behandelt wurden.

A2 Beschreibe anhand der beiden Bilder die Vorteile des Wasserweges.

Transportwagen für Stabeisen

Rekonstruktion einer Hafenszene zu Beginn der frühen Neuzeit

5.3 Kaufleute – reicher als der Kaiser

Deutsche Kaufleute lernten von den Italienern. Wie viele andere war auch Jakob Fugger, genannt „der Reiche", selbst drei Jahre in Venedig. Die Fugger fingen an, in Venedig Baumwolle einzukaufen und in Deutschland weiterverarbeiten zu lassen. Das war der erste Schritt, die reichste Kaufmannsfamilie in Deutschland zu werden. Nach italie-nischem Vorbild betreiben sie auch Bankgeschäfte. Auf dem Umweg über Kreditgeschäfte kamen sie auch zum Bergbau:

Q1 *„Die Fugger kauften alles Silber, das erschmolzen wurde, zum Festpreis von 8 Gulden (statt 10 Gulden Marktpreis) pro „Mark" (240 Gramm); davon zahlten sie 5 Gulden, 3 Gulden behielten sie als Abzahlungsrate. In späteren Verträgen wurde auch das Kupfer einbezogen."*

(Zusammengefasst nach: Jansen, M.: Die Anfänge der Fugger, S. 124–126 u. 131–133)

A2 *Wenn eine Bank Geld verleiht, will sie Zinsen einnehmen, aber das war Christen verboten. Überlege, wo die Zinsen versteckt sind.*

A1 *Die Schilder im Hintergrund bedeuten Orte, an denen die Fugger Geschäfte hatten. Versuche, einige Schilder zu lesen und ordne sie den Niederlassungen auf der Karte zu (Antorff ist Antwerpen).*

Die großen Kaufmannsgesellschaften waren nicht bei allen Leuten beliebt. 1526 forderte ein Bauernführer für Tirol:

Q2 *„Alle Schmelzhütten, Bergwerke, Erz, Silber, Kupfer (...), sofern es dem Adel und ausländischen Kaufleuten und Gesellschaften wie der Fuggeri-schen (...) gehört, sollen (...) eingezogen werden. Denn sie (Adel und Gesellschaften) haben ihre Berechtigung nach Billigkeit verwirkt, weil sie sie mit unrechtem Wucher erlangt haben: Geld zum Vergießen menschlichen Blutes; desgleichen haben sie dem gemeinen Mann und Arbeiter seinen Lohn mit Betrug und schlechter überteuerter Ware gezahlt und ihn damit zweimal mehr belastet, (...) alle Kauf-*

Jakob Fugger mit seinem Hauptbuchhalter, zeitgenössische Zeichnung

Niederlassungen der Fugger

Die Unternehmungen der Fugger
- ● Handelsniederlassung
- ⚒ Bergbau
- ⚒ Handelsniederlassung u. Bergbau

mannsware in ihre Hand gebracht und die Preise erhöht und so die ganze Welt mit ihrem unchristlichen Wucher beschwert und sich dadurch ihre fürstlichen Vermögen verschafft, was nun billig bestraft und abgestellt werden sollte."

(Franz, G.: Quellen zur Geschichte des Bauernkrieges, S. 289 f.)

A1 Was wird den Gesellschaften vorgeworfen und was soll aus ihnen werden?

A2 Vergleiche die Fuggerei mit dem nebenstehenden Text.

A3 Welche Gründe könnten die Fugger gehabt haben, eine solche Stiftung zu gründen?

5.4 Karl V. – Herrscher über ein Weltreich auf Kredit?

Die Fugger erlebten häufiger Angriffe auf ihre Monopole. Sie konnten sich aber immer wieder retten, vor allem, weil sie als Geldgeber für den Kaiser nicht zu ersetzen waren. Schon für die Wahl von Kaiser Karl V. waren sie unentbehrlich gewesen: Von den 850 000 Gulden, die die Wahl gekostet hatte, waren ungefähr 550 000 von den Fuggern geliehen. Der Kaiser selbst hatte nur 270 Gulden aufgebracht. Es war aber nicht nur Dankbarkeit, die Karl V. an der Seite der Fugger hielt. Er brauchte immer neue Kredite, besonders für seine Kriege. Und die Fugger mussten sie ihm geben, weil sie sonst ihr ausgeliehenes Geld gar nicht zurückbekommen hätten.

Die „Fuggerei" in Augsburg, eine soziale Stiftung der Fugger. Hier konnten Not leidende Familien fast umsonst wohnen. Aufnahme bedeutete Wohnrecht auf Lebenszeit. Das Foto zeigt den heutigen Zustand der „Fuggerei", die nach wie vor als soziale Einrichtung dient.

A4 Warum musste der Kaiser die Fugger unterstützen?

A5 Überlege, welche Vorteile und Gefahren es mit sich bringt, wenn eine Regierung auf ein großes Wirtschaftsunternehmen angewiesen ist.

6 Das Zeitalter der Reformation

6.1 Wer war Martin Luther?

Sehr bekannt zu sein gilt heute vielen als erstrebenswert. Wer aber ist vielleicht der berühmteste Deutsche? Wir werden wohl nicht zuerst auf Martin Luther kommen, der von 1483 bis 1546 lebte. Tatsächlich sind aber mehr als 65 000 Bücher über ihn geschrieben worden. Er zählt damit zu den meistbeschriebenen Menschen in der Geschichte. Selbst war er ein hervorragender Schriftsteller. Er verfasste pro Jahr ca. 70 Predigten, 100 Briefe und 30 Artikel.

Wie kaum ein anderer Europäer war und ist Martin Luther umstritten. Während er für die einen der Zerstörer des christlichen Abendlandes ist, haben andere durch ihn zu ihrem Christentum gefunden. Obwohl er immer wieder auf menschliche Güte und die Gnade Gottes hinwies, forderte er die harte Bestrafung der Bauern. Später rechtfertigte er die Verfolgung der Juden. Überhaupt war seine Haltung zur Gewalt zwiespältig: Einerseits sollte im Glaubensstreit auf Gewalt verzichtet werden – andererseits forderte er zur Gewaltanwendung auf.

Obwohl streng und in Gottesfurcht erzogen, wurde Martin Luther einer der erfolgreichsten Rebellen in der Geschichte. In einer Zeit, in der Rebellion in der Luft lag, war er es, der – im übertragenen Sinne – die Brandfackel warf und einen Flächenbrand auslöste, der Europa veränderte. So dramatisch, wie es diese Worte vermuten lassen, begann es jedoch in Wirklichkeit nicht. Sein Mitstreiter Philipp Melanchthon berichtete später, dass der Wittenberger Professor Martin Luther am 31. Oktober 1517 mit Schriftrollen unterm Arm durch

Postwertzeichen aus aller Welt

A1 Ermittle den Anlass für die Herausgabe der Sondermarken.

A2 Welche Schlüsse ziehst du aus der Tatsache, dass viele Staaten Briefmarken mit einem solchen Motiv herausgegeben haben?

A3 Beschreibe die Tätigkeit Martin Luthers.

A4 Wie reagierten wohl die Bürger Wittenbergs?

Der Anschlag der 95 Thesen zum Ablass (Rekonstruktion aus dem 19. Jh.)

Wittenberg schritt und mit dem Zwölfuhrläuten die Tür der Schlosskirche erreichte. Was er an dieser Tür tat, zeigt das Bild auf der linken Seite unten.

Im Folgenden werden wir untersuchen,
- wogegen Martin Luther rebellierte,
- warum er dies in so merkwürdiger Form tat,
- weshalb die Hammerschläge an die Tür der Schlosskirche in Europa wie Donnerschläge wirkten und
- welche Veränderungen damit in Deutschland und Europa ausgelöst wurden.

6.2 Missstände in der mittelalterlichen Kirche

Am Ende des Mittelalters war das ganze Leben der Menschen vom Glauben geprägt. Von Geburt an wurden sie in Gottesfurcht erzogen,

„Der Sterbende" von Lucas Cranach d. Ä., 1518

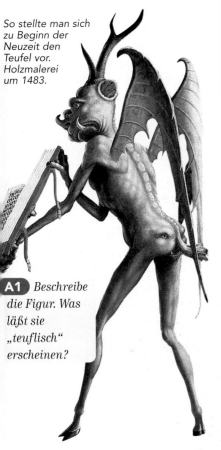

So stellte man sich zu Beginn der Neuzeit den Teufel vor. Holzmalerei um 1483.

A1 Beschreibe die Figur. Was läßt sie „teuflisch" erscheinen?

A2 Erkläre die Personen auf dem Gemälde.

A3 Versuche mithilfe der Darstellung zu erklären, welche Aufgabe dem Priester auf dem Bild zugedacht ist.

fürchteten den Teufel und taten bei Verfehlungen Buße, um sich von Sünden zu befreien. Man hoffte, nach dem Tod in den Himmel und nicht in das Reich des Teufels, die Hölle, zu kommen. Gefürchtet war das Fegefeuer, das die Christen vor dem Eintritt in den Himmel von Sünden „reinigen" sollte.

Priester besaßen einen besonderen Rang. Sie konnten den Gläubigen für vermeintliche oder tatsächliche Sünden Strafen auferlegen. In den Kirchen knieten die Menschen vor ihnen. Aber nicht allein die Frömmigkeit der Menschen gab der vom Papst geleiteten Kirche große Macht. Etwa ein Drittel des Grundbesitzes in Deutschland gehörte der Kirche. Kirchensteuern und Schenkungen sicherten ihr große Einnahmen. Nur die Kirche vermittelte Zugang zu höherer Bildung. Selbst in kleineren Städten gab es zahlreiche Klöster und Kirchen. Die Kirche prägte das mittelalterliche Leben und besaß großen politischen Einfluss.

Am Ende des Mittelalters erhielt das Denken der Menschen neue Anstöße. Die menschliche Gesellschaft befand sich im Umbruch.

Zugleich wuchs die Unzufriedenheit mit der Kirche. Die Päpste in Rom kümmerten sich wenig um das Seelenheil der Christenheit. Sie führten Kriege und lebten verschwenderisch.

A1 *Bringe dein Wissen über diesen Umbruch ein.*

Riesige Mittel wurden von den „Dienern Gottes" verprasst. Sie führten nicht selten ein unwürdiges Leben – verlangten aber von den Gläubigen, ein christliches Leben zu führen. Das machte die Kirche unglaubwürdig. Wer über ausreichend Geld verfügte, konnte sich z. B. das Amt eines Bischofs kaufen, unabhängig, ob er dafür geeignet war.

Viele Menschen waren empört. Aus Predigten war ihnen bekannt, dass Christus ein Leben in Armut und Bescheidenheit geführt hatte.

Q1 Der italienische Prediger Savonarola kritisierte:

„Tut Buße, ihr Priester, ihr Geistlichen, lasst ab von den Pfründen (= Einkünften), lasst euren Prunk, eure Gastmähler und Gelage. Lasst eure Geliebten. Ihr Mönche, lasst eure fetten Abteien und euren Überfluss an Kleidung und Silber. Ihr Nonnen, wenn ihr Novizinnen aufnehmt, lasst euch nicht mit Geld bezahlen; lasst ab von Tand und Prunk und mehrstimmigen Gesängen. Meine Brüder, lasst alles Überflüssige, eure Bilder und Possen (= Späße). Macht eure Kutten enger und aus grobem Stoff."

(Rüdiger, W.: Die Welt der Renaissance, S. 35, leicht gekürzt)

A2 *Übersetze Savonarolas Kritik in die moderne Sprache.*
A3 *Was bedeutet die Aufforderung „Macht eure Kutten enger"?*
A4 *Beschreibe diesen Heimweg von einem Trinkgelage.*
A5 *Was sagt uns der Zeichner über den Zustand der Kirche?*

6.3 Sekten und Ketzer

Bereits im 14. Jahrhundert wurde infolge der Missstände eine „arme" Kirche gefordert. Die sollte auf äußeren Glanz verzichten und sich dem Seelenheil der Christen widmen. Verlangt wurde die Besinnung auf das Wort Gottes, wie es in der Bibel überliefert wird. Man wollte auch die Predigt verstehen können, die traditionell in Latein gehalten wurde, das nur wenige Menschen beherrschten. Frühzeitig trat deshalb die Forderung auf, volkstümlich, also in der Muttersprache, zu predigen. Viele Christen wollten nicht mehr in der althergebrachten Weise ihren Gottesdienst in der katholischen Kirche verrichten. Sie gründeten eigene Glaubensgemeinschaften – Sekten genannt –, in denen sie entsprechend ihren Vorstellungen lebten. Für die Papstkirche waren diese Menschen Ketzer. Das sind Abtrünnige im Glauben. Nichts ließ die Papstkirche unversucht, sie als Werkzeuge des Teufels darzustellen.

Der tschechische Universitätslehrer Jan Hus predigte in tschechischer Sprache, damit das Volk ihn verstehen konnte:

Q1 *„Wehe den Räubern und mitleidlosen Herren, vor allem aber, wehe den Priestern, die die Armen quälen und würgen, wenn sie ihnen nicht den Zehnt geben."*
(Geschichte 6, V u W, S. 149)

Im Herbst 1414 war in Konstanz ein Konzil, die höchste Versammlung der Kirche, einberufen worden. Hier sollte über die Lehren der Ketzer gerichtet werden. Da Jan Hus vom deutschen Kaiser freies Geleit zugesichert worden war, kam er nach Konstanz, um seine Auffassung zu verteidigen. Als er nicht bereit war zu widerrufen, wurde er wortbrüchig

Nonnen und ein Abt auf dem Heimweg von einem Trinkgelage. Holzschnitt um 1450.

Jan Hus wird zum Scheiterhaufen geführt. Zeitgenössische Darstellung

A1 *Versuche, einzelne Personen zu bestimmen.*

A2 *Diskutiert die Frage, ob Jan Hus vertrauensselig oder mutig war.*

verbrannt. Da erhob sich die Mehrheit des tschechischen Volkes gegen die Papstkirche und die Vorherrschaft der Deutschen. Die Anhänger des Jan Hus, Hussiten genannt, kämpften seit 1428 gegen die übermächtigen Feinde. Erst 1434 wurde die Hussitenbewegung geschlagen.

Die Verbrennung von Jan Hus hatte nicht die erhoffte abschreckende Wirkung. „Ketzerisches" Denken und Handeln regten sich verstärkt – und wurden mit dem Feuertod bestraft. Um 1500 waren bereits mehr als 8 000 „Ketzer" verbrannt worden. Darunter war auch der Prediger Savonarola.

A3 *Erkläre die große Macht der Papstkirche am Ende des Mittelalters.*

A4 *Nenne Missstände in der mittelalterlichen Papstkirche.*

A5 *Wofür traten die Ketzer ein?*

A6 *Welche Schlüsse hätte die Papstkirche aus der Hussitenbewegung ziehen können?*

6.4 Martin Luther protestiert gegen den Ablasshandel

GEWUSST WIE!

Was ist eine Karikatur?

Die allgemeine Unzufriedenheit mit der Papstkirche brachte 1508 ein Künstler mit diesem Holzschnitt zum Ausdruck:

Das Schiff der Kirche geht unter

Eine solche Darstellung heißt Karikatur. Dahinter steht das italienische Wort curicure (= übertrieben). Als Spottbild möchte sie Personen und Erscheinungen lächerlich machen, indem sie deren Schwächen übertrieben darstellt. Der Künstler nimmt mit ihr Partei. Nach der Erfindung des Buchdrucks fanden solche Karikaturen eine schnelle Verbreitung. Sie hatten zum Ziel, den Leseunkundigen politische Absichten zu vermitteln.

Die folgenden Arbeitsschritte sollen dich beim Verstehen einer Karikatur unterstützen:

1. Was ist auf der Karikatur zu erkennen (= Inhalt der Karikatur)?
2. Was will der Künstler zum Ausdruck bringen? Worin besteht die Übertreibung? Wer wird verspottet? Für wen wird Partei ergriffen (= Ziel der Karikatur)?
3. Wird eine berechtigte Kritik angesprochen (= Bewertung mithilfe deines Wissens)?

Bei dieser Karikatur achte besonders darauf:

A7 *Welche Gründe können den Künstler bewegt haben, die Papstkirche mit einem sinkenden Schiff zu vergleichen?*

A8 *Warum schauen Bewaffnete und andere Menschen teilnahmslos zu, wie hohe geistliche Würdenträger und eine Nonne ertrinken?*

A9 *Für wen ergreift der Künstler Partei?*

Eine schnelle Verschärfung der Lage der Papstkirche trat nach 1513 ein. Der 23-jährige Hohenzollernprinz Albrecht von Brandenburg hatte mehrere Ämter an sich gebracht. Um sie beim Papst bezahlen zu können, musste Albrecht 1514 bei dem reichen Kaufmann Jakob Fugger in Augsburg einen Kredit aufnehmen. Für die Begleichung seiner Schulden fand er folgende Lösung:

Er ließ sich von Papst Leo X. den Sankt-Peter-Ablass übertragen, der den Neubau des Petersdoms unterstützen sollte. Ablass bedeutete, dass sich Christen mit Geld vom Fegefeuer freikaufen konnten. Man vereinbarte, die Hälfte der Einnahmen nach Rom zu schicken. Mit dem Rest sollte der Kredit an Jakob Fugger zurückgezahlt werden. Um das Geschäft zu beschleunigen, wurde der Dominikanermönch Johann Tetzel für die Kirchenprovinz Magdeburg als Ablasshändler eingesetzt. Von ihm stammen die Worte: „Wenn das Geld im Kasten klingt, die Seele aus dem Feuer in den Himmel springt."

A1 *Beschreibe anhand von Text und Bild den Ablauf des Handels mit Ablassbriefen.*

An dem Ablasshandel Tetzels entzündete sich die Empörung Martin Luthers. Der lehrte damals an der erst 1502 gegründeten Universität in Wittenberg Bibelkunde. Er fasste seine Kritik in 95 Thesen (Diskussionssätze) in lateinischer Sprache und schlug sie am 31. Oktober 1517 an die Tür der Schlosskirche zu Wittenberg (s. Abb. S. 34). Am gleichen Tag schickte er ein Schreiben an den Erzbischof Albrecht. Durch den Buchdruck wurde der Inhalt der Thesen schnell bekannt.

Q1 Auszug aus den 95 Thesen Luthers:

„21. Daher irren die Ablassprediger, die da sagen, der Mensch werde durch den Ablass des Papstes von aller Strafe los und selig (...)

27. Menschenlehre predigen die, welche sagen, dass, sobald der Groschen im Kasten klingt, die Seele aus dem Fegefeuer springt.

35. Die predigen unchristlich, die lehren, dass diejenigen, so da Seelen aus dem Fegefeuer loskaufen oder Beichtbriefe lösen wollen, keiner Reue bedürfen.

36. Jeder Christ hat, wenn er aufrichtig bereut, völligen Erlass von Strafe und Schuld, der ihm auch ohne Ablassbriefe gebührt (...)."

(Guggenbühl, G./Huber, C.: Quellen zur Geschichte der neuesten Zeit, S. 27 f.)

Flugblatt gegen den Ablasshandel. Rechts der Erzbischof Albrecht von Brandenburg, in der Mitte ein Münzmeister. Links ist die Einnahme von Ablassgeldern dargestellt.

Q2 Auszug aus dem Schreiben an den Erzbischof Albrecht:

„Endlich sind die Werke der Gottseligkeit und Liebe unendlich viel besser als der Ablass, und doch predigt man sie weder mit solcher Pracht, noch mit so großem Fleiß. Ja, der Ablasspredigt zuliebe wird von ihnen geschwiegen, und doch ist es aller Bischöfe vornehmliches und alleiniges Amt, zu sorgen, dass das Volk das Evangelium und die Liebe Christi lerne. Nirgends hat Christus befohlen, den Ablass zu predigen: Aber das Evangelium zu predigen hat er ausdrücklich befohlen."

(Luther: Ausgewählte Schriften, S. 31)

A1 Erläutere Martin Luthers Auffassung vom Ablasshandel.

A2 Wie begründet er seinen Standpunkt?

A3 Erkläre, warum der 31. Oktober (Reformationstag) 1517 noch heute ein wichtiges Datum ist.

GEWUSST WIE!

Anekdoten als Geschichtsquellen

Von Johann Tetzel ist eine Anekdote überliefert. Anekdoten sind kurze, meist witzige Geschichten, die vor allem historische Personen charakterisieren sollen. Man muss dabei beachten, dass die erzählte Geschichte vielleicht so gar nicht stattgefunden hat. Allerdings hätte sie so stattfinden können. Also muss eine Anekdote die historische Situation zutreffend widerspiegeln.

Der so genannte „Tetzel-Kasten" befindet sich noch heute in der Ernstkapelle unter den Türmen des Magdeburger Domes.

Wir sollten daher beim Lesen einer Anekdote immer überprüfen:
1. Ob wir sie mit eigenen Worten richtig wiedergeben können.
2. Gegen wen sich die witzige Darstellung richtet.
3. Was damit über die allgemeine Situation ausgesagt wird.

„In Berlin verkaufte Tetzel vor der Nikolaikirche viele Ablasszettel. Dann gedachte er weiterzureisen. Am letzten Tag trat ein reich gekleideter Mann vor seinen Ablassstand. Tetzel erwartete ein hohes Entgelt, staunte aber nicht schlecht, als der Mann Vergeltung für eine Sünde forderte, die er erst am nächsten Tag begehen wollte. Der habgierige Tetzel ging auf den Wunsch ein und händigte die Ablassurkunde aus. Am nächsten Tag verließ er am Vormittag Berlin. Die gut gefüllte Ablasskiste trug er stets bei sich. (...) Kurz vor Trebbin wurde er plötzlich von einer aus dem Wald hervorbrechenden maskierten Reiterschar umringt. Sie fiel über Tetzel und seine Begleiter her und raubte die Ablasskiste. Wutentbrannt wünschte Tetzel den Räubern die Strafe Gottes auf den Hals. Da ritt einer der Räuber auf Tetzel zu, beugte sich zu ihm herab und zog sich die Maske vom Gesicht. Entsetzt erkannte Tetzel jenen wohlhabenden Herrn aus Berlin, der für seinen Raub bereits Ablass getan hatte. Er hielt Tetzel den Ablassbrief vor die Nase. Dieser musste zusehen, wie sich die Reiter mit dem geraubten Geld entfernten."

(Neue Berliner Illustrierte, Heft 22/1987)

A4 Versuche, die Anekdote mit eigenen Worten zu erzählen.

A5 Wie wird der Ablasshändler Tetzel charakterisiert?

A6 Versuche zu erklären, warum diese Anekdote im Gedächtnis der Menschen geblieben ist.

Auf den Spuren Martin Luthers

Projektvorschlag: Auf den Spuren des berühmtesten Deutschen.

Vorschläge für Arbeitsaufträge:

1. Stellt fest, wo es Luther-Städte und Luther-Gedenkstätten gibt. Begründet die Verbindung dieser Orte mit dem Namen Martin Luthers.

2. Bereitet eine Motivausstellung von Luther-Postwertzeichen vor. Ordnet die Sammlung nach den Lebensstationen Martin Luthers.

3. Sucht an eurem Wohnort, ob es eine Straße, Schule oder Kirche gibt, die nach Martin Luther benannt ist.

6.5 Kampf um die Erneuerung der Kirche

Zunächst unterschätzte die Papstkirche das „Mönchsgezänk" zwischen Luther und Tetzel. Die sehr schnelle Verbreitung der Thesen hätte sie jedoch alarmieren müssen. Die Bevölkerung verband mit dem Thesenanschlag Luthers die Hoffnung auf die seit langem erwartete Erneuerung der Kirche. Durch seine Gegner gedrängt, äußerte sich Luther bald auch grundsätzlich über das, was die Kirche tun dürfe und was nicht und wer in ihr zu bestimmen habe. In weiteren Schriften forderte er dann auch offen eine Reformation (Erneuerung) der Kirche und wurde so zum Wortführer einer antipäpstlichen Bewegung.

Die neue Lehre zeichnete sich dadurch aus, dass das Evangelium im Mittelpunkt des Gottesdienstes stand. Das Evangelium ist die von der Bibel vermittelte Botschaft vom Leben Jesu. Gepredigt wurde in deutscher Sprache. Die Heiligenfiguren wurden aus den Kirchen entfernt. Auf die Beichte wurde verzichtet.

A1 *Martin Luther gilt als Reformator. Was soll damit zum Ausdruck gebracht werden?*

A2 *Äußere dich über mögliche Gründe für die Auffassung Luthers, dass die Aussagen der Bibel für den christlichen Glauben maßgebend sind.*

A3 *Die Entfernung von Heiligenbildern erfolgte nicht immer friedlich. Erläutere das Bild.*

A4 *Sicher kannst du nun den Begriff „Bilderstürmer" erklären.*

„Bilderstürmer", Holzschnitt um 1530

Der Papst in Rom wollte Luther zum Schweigen bringen und drohte mit seiner Verurteilung als Ketzer. Aber der sächsische Kurfürst Friedrich der Weise, der Schutzherr der Wittenberger Universität, verweigerte die Auslieferung Luthers. So blieb die Androhung des Kirchenbanns zunächst unwirksam.

Luther setzte sich über diese Bannandrohungsbulle hinweg. Daraufhin sprach der Papst am 3. Januar 1521 über Luther den Bann aus. Üblicherweise hätte die Reichsacht folgen müssen. Aber der Reichstag wollte vor einer solchen Verurteilung erst Luther anhören.

Kaiser Karl V., der unbedingt eine Spaltung der Kirche in seinem Reich verhindern wollte, sicherte Martin Luther freies Geleit zu. Am 17. April 1521 stand Luther auf dem Reichstag in Worms vor dem Kaiser. Er wurde aufgefordert, sofort und ohne Diskussion seine Lehren zu widerrufen. Als er sich Bedenkzeit ausbat, wurde ihm diese bis zum nächsten Tag gewährt.

A1 Dem Bild kannst du entnehmen, was Luther mit der Bulle machte.

Luther und die Bannandrohungsbulle. Holzschnitt von 1557.

Luther vor dem Kaiser in Worms. Zeitgenössische Darstellung.

Intitulentur libri

A2 Welche Personen kannst du erkennen?
A3 Welche Gründe könnten Martin Luther veranlasst haben, um Bedenkzeit zu bitten?

Q1 Aus der Antwort Luthers am 18. April 1521:

„Weil denn Eure allergnädigste Majestät und fürstliche Gnaden eine einfache Antwort verlangen, will ich sie ohne Spitzfindigkeiten und unverfänglich erteilen, nämlich so: Wenn ich nicht mit Zeugnissen der Schrift oder mit offenbaren Vernunftgründen besiegt werde, so bleibe ich von den Schriftstellen besiegt, die ich angeführt habe, und mein Gewissen bleibt gefangen in Gottes Wort, denn ich glaube weder dem Papst noch den Konzilien allein, weil es offenkundig ist, dass sie öfters geirrt und sich selbst widersprochen haben. Widerrufen kann und will ich nichts, weil es weder sicher noch geraten ist, etwas gegen sein Gewissen zu tun. Gott helfe mir, Amen."

(Luther: Ausgewählte Schriften, S. 101)

Q2 Die Antwort Kaiser Karls V.:

„Sie (die Vorfahren) haben die heilige katholische Religion hinterlassen, damit ich in ihr lebe und sterbe (...). Deshalb bin ich entschlossen, alles zu halten, was meine Vorgänger und ich bis zum gegenwärtigen Augenblick gehalten haben (...). Denn es ist sicher, dass ein einzelner Bruder in seiner Meinung irrt, wenn diese gegen die der ganzen Christenheit steht (...). Nachdem ich die hartnäckige Antwort Luthers vernommen habe, erkläre ich: Es reut mich, dass ich es so lange aufgeschoben habe, gegen diesen Luther und seine falsche Lehre vorzugehen. Ich bin entschlossen, ihn nicht weiter anzuhören, sondern ich will, dass er unverzüglich nach Hause geschickt werde. (Damit war Luther geächtet.)"

(Geschichte kennen und verstehen 8, S. 222)

A1 Wie entschieden sich Martin Luther und Kaiser Karl V.?

A2 Vergleiche dazu ihre Begründung.

A3 Überlege, welche Antworten auch möglich und welche Folgen damit verbunden gewesen wären.

6.6 Die Bibelübersetzung auf der Wartburg

Q1 *„Als Luther mit seinen zwei Begleitern den dunklen, einsamen Weg (nach Gotha) weiterfährt, versperrt plötzlich ein Trupp bewaffneter Reiter den Weg (...). Dem Fuhrmann wird befohlen anzuhalten (...). Darauf wird Luther herausgerissen (...). Sie nehmen Luther zwischen zwei Pferde. Der Fuhrmann sieht noch, wie Luther seinen Hut verliert, da er zwischen den Pferden schnell laufen muss, dann sind sie verschwunden. Sobald das Fuhrwerk außer Sicht ist, wird Luther auf ein Pferd gehoben und so behandelt, wie es einem derart berühmten Schützling des Kurfürsten von Sachsen zukommt. Man reitet noch einige Male kreuz und quer im Wald umher, um die Spuren zu verwischen. Gegen 11 Uhr nachts fällt die Zugbrücke von der Wartburg und die Reiter verschwinden im Schloss."*

(Looß, S.: Luther in Worms 1521. Ill. hist. Heft Nr. 31, S. 38)

Martin Luther als Junker Jörg auf der Wartburg (Lucas Cranach d. Ä.)

A4 Welche Lösung fand der sächsische Kurfürst Friedrich der Weise für den geächteten Martin Luther?

Von Mai 1521 bis März 1522 lebte Martin Luther als „Junker Jörg" in diesem Raum (Bild rechte Seite) der Wartburg, der sich fast unverändert erhalten hat. Dort begann er mit der Übersetzung des „Neuen Testaments" aus dem griechischen Urtext in ein volkstümliches Deutsch. Er leistete damit einen bedeutsamen Beitrag zur Entwicklung einer einheitlichen deutschen Nationalsprache. Da die Heilige Schrift im Mittelpunkt der Lehre Luthers steht, war die Bibelübersetzung von größter Bedeutung für ihre Ausbreitung. Zwischen 1522 und 1546, dem Todesjahr Luthers, erschienen in ca. 430 deutschen Ausgaben fast eine Million Exemplare der Bibel. In der Frühzeit des Buchdrucks wurden derartige Zahlen von keinem anderen Buch erreicht. Der Preis eines Exemplars lag zwischen einem halben und anderthalb Gulden. Zum Vergleich: Für anderthalb Gulden bekam man zwei geschlachtete Kälber; eine Dienstmagd erhielt anderthalb Gulden Jahreslohn.

Q2 Luther über seine Übersetzung:

„Man muss nicht den Buchstaben in der lateinischen Sprache fragen, wie man soll deutsch reden, sondern muss die Mutter im Haus, die Kinder auf den Gassen, den Mann auf dem Markt darum fragen und denselben auf das Maul sehen, wie sie reden und danach dolmetschen; so verstehen sie es denn und merken, dass man deutsch mit ihnen redet."

(Geschichte kennen und verstehen 8, S. 226)

A5 Worin liegt das „Geheimnis" des großen Erfolges der Bibelübersetzung Luthers?

Lutherstube auf der Wartburg

Luther verfolgte mit Sorge diese Entwicklung. Im Dezember 1521 kam es auch in Wittenberg, dem Zentrum der Reformation, zu Tumulten. Da hielt es ihn nicht mehr auf der Wartburg und er stellte sich gegen eine – wie er meinte - überspitzte Auslegung seiner Lehre. Nach seiner Ansicht sollte „allein mit dem Worte" gekämpft werden.

A1 *Erkläre, warum Luther schon nach wenigen Monaten wieder die Wartburg verließ.*

Die Reformation brach mit einem noch heute umstrittenen Grundsatz der römisch-katholischen Kirche: dem Zölibat (Ehelosigkeit) der Priester. Nach Wittenberg zurückgekehrt, heiratete Luther 1525 Katharina von Bora, eine ehemalige Nonne.

A2 *Woran kannst du erkennen, dass diese Frau keine Nonne mehr ist?*

Katharina Luther

6.7 Reformation – für wen?

Schon bald zeigte sich, dass die Menschen mit der Reformation sehr unterschiedliche Ziele verbanden. Die meisten Anhänger Luthers, später „Protestanten" genannt, erhofften sich eine Verbesserung ihrer Lage. Die Stadtarmut hoffte auf eine Mitbestimmung in der Verwaltung der Städte, die Bauern wollten eine Erleichterung ihrer feudalen Lasten, die Reichsritter die Verringerung der Fürstenmacht, Kaufleute und Handwerker erhofften sich einen Wirtschaftsaufschwung. Die Landesherren strebten nach Einheit von wirtschaftlicher und politischer Macht. Eine entscheidende Frage für die Reformation war, ob sie mit Gewalt oder mit friedlichen Mitteln durchgesetzt werden sollte.

Auf Luthers Lehre aufbauend, orientierte sich Thomas Müntzer (etwa 1489 bis 1525) immer stärker auf das einfache Volk. Er strebte die gewaltsame Umwälzung der bestehenden gesellschaftlichen Verhältnisse an und glaubte an ein „Reich Gottes auf Erden". Er drohte den Fürsten, dass diejenigen, die sich dieser Reformation entgegenstellten, von ihrem eigenen Volk vertrieben würden.

Thomas Müntzer

6.8 Der deutsche Bauernkrieg

6.8.1 Die Lage der Bauern

Bis heute hat sich ein Vers erhalten, der seit dem 14. Jahrhundert bei den Bauern bekannt war: „Als Adam grub und Eva spann, wo war denn da der Edelmann?" Er weist darauf hin, dass bereits vor dem deutschen Bauernkrieg die Idee menschlicher Gleichheit wach war. Eine Verstärkung erfuhr sie mit der Reformation. Beim einfachen Volk verband sich damit die Vorstellung, dass Jesus mit seinem Tod am Kreuz alle Menschen befreit habe und dass darum alle Menschen grundsätzlich gleichberechtigt seien. Martin Luther schränkte dies dann auf Kirchenangelegenheiten ein. Dennoch erwies sich diese Vorstellung als sozialer Sprengsatz.

A1 *Das Bild gibt einen Überblick über wichtige Tätigkeiten der Bauern. Zähle sie auf.*

In verschiedenen Gegenden Deutschlands hatte die feudale Belastung der Bauern eine nahezu unerträgliche Höhe erreicht:

Bauernleben Ende des 15. Jh.s

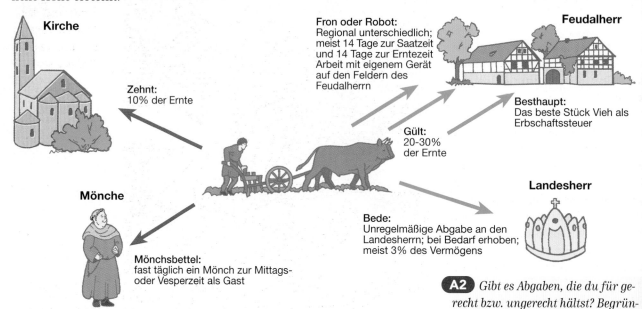

Kirche

Zehnt: 10% der Ernte

Fron oder Robot: Regional unterschiedlich; meist 14 Tage zur Saatzeit und 14 Tage zur Erntezeit Arbeit mit eigenem Gerät auf den Feldern des Feudalherrn

Feudalherr

Besthaupt: Das beste Stück Vieh als Erbschaftssteuer

Gült: 20-30% der Ernte

Mönche

Mönchsbettel: fast täglich ein Mönch zur Mittags- oder Vesperzeit als Gast

Landesherr

Bede: Unregelmäßige Abgabe an den Landesherrn; bei Bedarf erhoben; meist 3% des Vermögens

A2 *Gibt es Abgaben, die du für gerecht bzw. ungerecht hältst? Begründe deine Meinung.*

Die Wandlungen im Übergang vom Mittelalter zur Neuzeit brachten auch vielen Grundherren Schwierigkeiten. Mit dem Übergang zur Geldwirtschaft mussten die begehrten städtischen Produkte mit Geld bezahlt werden. Wucherzinsen der Geldverleiher, versuchten die Grundherren mit neuen Forderungen an die Bauern auszugleichen. Es häuften sich daher die Versuche der Grundherren, von den Bauern willkürlich neue Leistungen zu verlangen. So verlangte beispielsweise die Frau des Landgrafen von Stühlingen 1524 im südlichen Schwarzwald mitten in der Erntezeit, dass die Bauern Schneckenhäuser sammeln sollten. Diese Schneckenhäuser wurden für das Aufwickeln von Garn benötigt. Als sich die Bauern weigerten, wurde ihnen Bestrafung angedroht. Der Konflikt weitete sich aus und wurde zum Signal für den Aufstand der Bauern in Südwestdeutschland.

A1 In welcher Situation befanden sich die Bauern zu Beginn des 16. Jahrhunderts?

A2 Welche Erwartungen verbanden sie mit der Reformation?

6.8.2 Der Bauernaufstand scheitert

Ausgehend vom südlichen Schwarzwald, bildeten die Bauern bewaffnete Haufen mit bis zu 12 000 Mann. Das waren organisierte Bauernheere mit einem Feldhauptmann, einem Prediger, einem Schreiber, einem Geschützmeister u. a. Es kam zu ersten Gefechten. In Memmingen fassten aufständische Bauern im Frühjahr 1525 ihre Ziele in den „Zwölf Artikeln der Bauern" zusammen.

Q1 Aus den Memminger 12 Artikeln:
„(...) Die Bauern wollen keinen Aufruhr und keine Gewalt, sondern nur die Lehren des Evangeliums: Frieden, Geduld und Einigkeit sollen Wirklichkeit werden.
1. Jeder Gemeinde steht das Recht zu, ihren Pfarrer selbst zu wählen und abzusetzen (...).
2. Die Bauern sind gewillt, den Kornzehnten weiterzuzahlen, aber er soll für den Unterhalt des Pfarrers und für die Armen verwendet werden.
3. Die Leibeigenschaft soll aufgehoben werden. Die Bauern werden der von Gott eingesetzten Obrigkeit allezeit gehorsam sein.
4. Die Bauern fordern, dass sie frei jagen und fischen dürfen.
5. Die Bauern wollen ihr Holz frei aus dem Gemeindewald nehmen (...).
6. Die Dienstleistungen, die Hand- und Spanndienste, sind auf ein erträgliches Maß herabzusetzen.
7. Die Bauern fordern, dass sie weitere Dienste darüber hinaus bezahlt bekommen.

8. Zinsen, Steuern und andere Abgaben sollen nach der Ertragslage eines Hofes neu festgesetzt werden.
9. Die Bauern verlangen, dass Recht nach dem alten geschriebenen Gesetz gesprochen wird und nicht ‚nach Gunst'.
10. Gemeindeland, das einige zu Unrecht sich angeeignet haben, soll wieder zurückgegeben werden.
11. Im Fall, dass der Bauer stirbt, sollen Witwen und Waisen nicht mehr mit dem ‚Todfall' (Abgabe zum Zeichen der Leibeigenschaft) belastet werden.
12. Jeden Artikel, der nicht mit der Heiligen Schrift übereinstimmt, wollen die Bauern sofort fallen lassen. Der Friede Gottes sei mit euch allen."
(Rüdiger, W.: Die Welt der Renaissance, S. 95 f.)

A3 Erkläre die einzelnen Artikel.

A4 Diskutiert, ob die Bauern ihre Verhältnisse revolutionär verändern wollten.

A5 Erläutere den Zusammenhang zwischen Bauernkrieg und Reformation.

A6 Welche Forderung der Bauern lässt sich aus dem Bild ablesen?

Ein Fahnenträger der Bauern, Holzschnitt von 1522

A1 Suche das Ausgangsgebiet des Bauernkrieges und Schlachtorte.

A2 In welchen Gebieten Deutschlands beteiligten sich Bauern am Aufstand?

A3 Wer verbündete sich mit den Bauern?

A4 Vergleiche die Bewaffnung der Landsknechte mit der der Bauern.

Noch 1520 hatte Luther die bestehenden Verhältnisse kritisiert und Veränderungen angemahnt. Jetzt äußerte er sich 1525 in seiner Schrift „Wider die räuberischen und mörderischen Rotten der Bauern" wie folgt:

Q2 „Sie richten Aufruhr an, rauben und plündern mit Frevel Klöster und Schlösser, die nicht ihnen gehören, womit sie, wie die öffentlichen Straßenräuber und Mörder, (...) den Tod an Leib und Seele verschulden. (...) Drum soll hie zuschmeißen, würgen und stechen, heimlich oder öffentlich, wer da kann, und bedenken, dass nichts Giftigeres, Schädlicheres, Teuflischeres sein kann, als ein aufrührerischer Mensch, gleich als ob man einen tollen Hund totschlagen

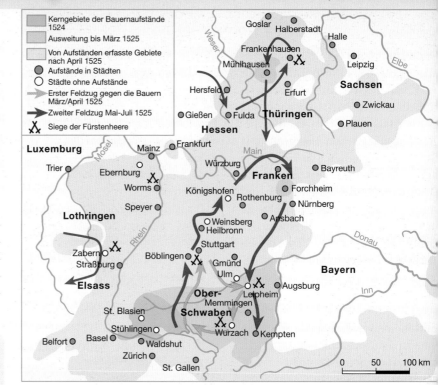

Der deutsche Bauernkrieg 1524/25

muss. Es hilft auch den Bauern nit, dass sie vorgeben, alle Dinge seien frei und gemein erschaffen und dass wir alle gleich getauft sind (...). Denn die Taufe macht nit Leib und Gut frei, sondern die Seelen (...)."

(Fink, H.: Martin Luther, S. 197)

A5 Wie steht Martin Luther zu den Wünschen der Bauern?

A6 Welchen Rat gibt er den Gegnern der Bauern?

A7 Versuche zu erklären, warum diese Schrift eine niederschmetternde Wirkung auf viele Deutsche hatte.

Bewaffnete Bauern auf dem Marsch. Auf der Fahne der Bundschuh, das Zeichen der Aufständischen.

Landsknechte stellten die Fußtruppen der fürstlichen Heere im Bauernkrieg. Zeitgenössische Darstellung.

Plünderung des Klosters Weißenau

A1 *Beschreibe, wie die Bauern dargestellt werden. Bedenke dabei, dass die Abbildung von dem vertriebenen Abt des Klosters stammt.*

Als die Bauern 1524 in Südwestdeutschland losschlugen, stießen sie zunächst auf nur geringe Gegenwehr. Die meisten Landsknechte waren auf einem Feldzug und erst ab Februar 1525 verfügbar. Setzten die Grundherren zunächst auf Verhandlungen, konnten sie nun zum Angriff übergehen. Die Bauern wurden in getrennten Schlachten geschlagen. Die Bauern waren außer Stande zu einem einheitlichen Vorgehen. Oft kam es zum regelrechten Abschlachten der Bauern. Von den unter der Führung Thomas Müntzers auf dem Schlachtberg von Frankenhausen am 14. und 15. Mai 1525 versammelten 8000 Bauern wurden 5000 bis 6000 erschlagen. Mehrere Hundert Bauern gerieten in Gefangenschaft, unter ihnen auch Thomas Müntzer. Die Fürsten ließen ihn in der Wasserburg Heldrungen foltern und zwölf Tage später hinrichten. Ein gnadenloses Strafgericht brach über die besiegten Bauern herein. Etwa 100 000 verloren ihr Leben. Vielen wurden zur Abschreckung die Augen ausgestochen. Aber bei der Festlegung von Lasten wurde doch immer häufiger überlegt, ob die Bauern sich das gefallen lassen würden.

Mittelalterliche Strafen in einer zeitgenössischen Darstellung.

A2 *Beschreibe die Strafen.*
A3 *Nenne Gründe für die Niederlage der Bauern.*

6.9 Von der Volks- zur Fürstenreformation

Personalfragebögen sind in unserer Zeit etwas Alltägliches. Eine wiederkehrende Frage ist die nach der Konfession. Gemeint ist damit, welches Glaubensbekenntnis der Bewerber hat. Erstmals wurde der Begriff „Konfession" 1530 in der „Augsburgischen Konfession" für die Glaubensanhänger Martin Luthers verwandt. Sie stellt ein wichtiges Ergebnis der Reformation in Deutschland dar, macht sie doch deutlich, dass sich eine neue Glaubensauffassung ausgebildet hatte.

Mit der Niederlage der Volksreformation im Bauernkrieg hatte die Reformation ihren Schwung verloren. Jetzt traten die Kräfte auf den Plan, die in ihren Ländern weltliche und geistliche Macht vereinen wollten. Sie wollten in ihrem Machtbereich gewissermaßen Kaiser und Papst sein. Sie strebten eine absolute Machtposition an. Mit der Fürstenreformation wurden die Landesherren zu den eigentlichen Gewinnern der Reformation:

Kaiser Karl V., Gemälde von Tizian (1548)

– Der Landesherr erhielt die oberste Kirchengewalt.
– Mit der Einrichtung von Landeskirchen übernahm der Landesherr den bisherigen Besitz der Kirche. Diese Verstaatlichung des Kirchenbesitzes – Säkularisation genannt – stärkte die Macht des Landesherrn entscheidend.
– Als oberster Bischof sicherte der Landesherr die schulische Ausbildung seiner Untertanen. In Meißen, Schulpforta und Grimma wurden Fürstenschulen gegründet. Ihren Schwerpunkt hatten sie in der Ausbildung des Pfarrer- und Beamtennachwuchses.

Kaiser Karl V. war für das Weiterbestehen einer einheitlichen Glaubensauffassung. Er galt als mächtigster Fürst der Christenheit, als ein Herrscher, in dessen Reich „die Sonne nicht unterging". Doch dieser mächtige Kaiser war nicht im Stande, das Voranschreiten der Reformation zu verhindern.

Der Kaiser konnte zwar im Schmalkaldischen Krieg über die protestantischen Fürsten siegen. Aber letztlich unterlag er doch dem Widerstand der Landesherren. Aufgrund der Machtverhältnisse in Deutschland brachte der Reichstag von Augsburg 1555 unter König Ferdinand, dem Nachfolger Kaiser Karls V., einen vorläufigen Religionsfrieden:

A1 *Vergleiche die Größe dieses Reiches mit dir schon bekannten Großreichen (Karl d. Gr., Römisches Reich). Was stellst du fest?*

A2 *Was hinderte Kaiser Karl V., trotz seiner Macht die Protestanten zu bezwingen?*

A3 *Untersuche, wie sich im Ergebnis der Reformation die Machtverhältnisse in Deutschland veränderten.*

A4 *Welche Konfession wurde vom Religionsfrieden ausgeschlossen?*

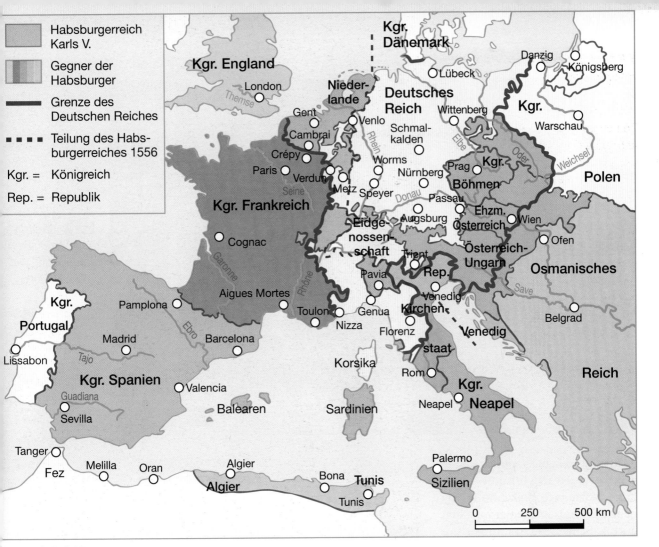

Das Reich Karls V.

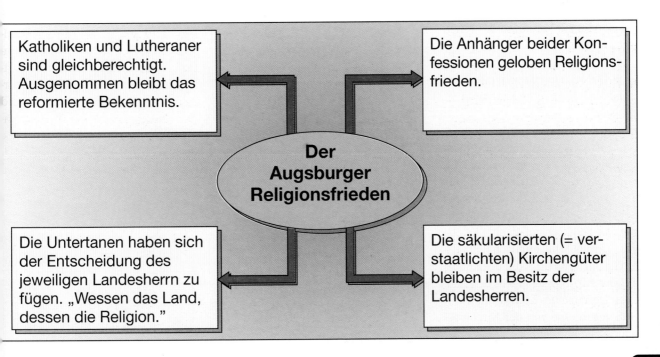

Katholiken und Lutheraner sind gleichberechtigt. Ausgenommen bleibt das reformierte Bekenntnis.

Die Anhänger beider Konfessionen geloben Religionsfrieden.

Der Augsburger Religionsfrieden

Die Untertanen haben sich der Entscheidung des jeweiligen Landesherrn zu fügen. „Wessen das Land, dessen die Religion."

Die säkularisierten (= verstaatlichten) Kirchengüter bleiben im Besitz der Landesherren.

Taufgottesdienst in einer calvinistischen Kirche in Lyon, um 1564

A2 *Versuche, die Personen zuzuordnen. Was erzählt dieses Bild?*

A3 *Ordne die Länder West- und Mitteleuropas mithilfe einer Tabelle den vier Konfessionen zu.*

In der Schweiz entstand als besondere Form der Calvinismus – auch das reformierte Bekenntnis genannt. Calvinisten fanden vor allem dort Anhänger, wo das Bürgertum bestimmend war. Ihr Kerngedanke war, dass jeder Mensch schon von Geburt an entweder zur ewigen Seligkeit oder zur Verdammnis vorherbestimmt sei.

A1 *Warum war eine solche Auffassung für einen reichen Kaufmann günstig?*

Im Unterschied zur Schweiz und zu Deutschland entschied in England König Heinrich VIII. darüber, was der rechte Glaube für die Bürger Englands sei. Die anglikanische Kirche war gewissermaßen eine Kirche des Königs. Die englische Staatskirche entstand im Streit des Königs mit der Papstkirche, die in den häufigen Heiraten des Königs einen Verstoß gegen eine von der Kirche geschlossene Ehe sah.

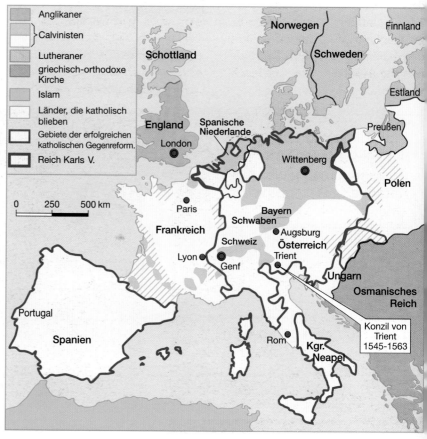

Die Reformation in Deutschland und Europa

Anglikaner
Calvinisten
Lutheraner
griechisch-orthodoxe Kirche
Islam
Länder, die katholisch blieben
Gebiete der erfolgreichen katholischen Gegenreform.
Reich Karls V.

0   250   500 km

Norwegen   Finnland
Schottland   Schweden
England   Spanische Niederlande   Estland
London   Preußen
Wittenberg
Polen
Paris   Bayern
Schwaben
Frankreich   Augsburg
Schweiz   Österreich
Lyon   Trient
Genf   Ungarn
Osmanisches Reich
Portugal
Spanien   Rom
Kgr. Neapel

Konzil von Trient 1545–1563

6.11 Die Reformation in Sachsen – ausgewählte Orte

Seit dem Ende des 15. Jahrhunderts gab es zwei Herrschaftsgebiete in Sachsen (vgl. S. 44 f.). Als 1517 mit der Veröffentlichung der Thesen gegen den Ablasshandel durch Martin Luther die Reformation begann, herrschte im ernestinischen Sachsen Kurfürst Friedrich der Weise. Ihm unterstand als Landesherr die Universität Wittenberg. Er war es, der Luther nach dem Reichstag in Worms auf die Wartburg in Sicherheit bringen ließ. Auch seine Nachfolger unterstützten Luther und die Reformation.

Der Herrscher im albertinischen Sachsen am Beginn der Reformation, Herzog Georg der Bärtige (1500–1539), war ein überzeugter Katholik, aber zugleich ein Gegner des immer zügelloseren Ablasshandels. So ist zu erklären, dass er die Thesen Luthers ausdrücklich begrüßte. Leipzig konnte deshalb zu den ersten Städten gehören, in denen die Thesen Luthers gedruckt wurden.

Herzog Georg wurde später ein heftiger Gegner Luthers und der Reformation. Aber es ist vor allem ihm zu verdanken, dass Luther im Sommer 1519 in Leipzig im Streitgespräch (Disputation) seine Auffassungen öffentlich erläutern konnte. In der Pleißenburg, dem Schloss des Herzogs, auf dessen Fundamenten heute das Neue Rathaus steht, traf Luther auf einen seiner erbittertsten Gegner, den Theologen Eck.

Q1 Was Luther vor und nach dem Streitgespräch aufgeschrieben hat:
„Denn hier wünsche ich nicht allein, dass ich tüchtig beißen könnte (um Eck zu verdrießen), sondern auch schier unüberwindlich wäre im Fressen, damit ich alle (…) Ecks und die übrigen Brüder, die Bestreiter der christlichen Gnade sind, mit offenem Maul (…) auf einmal verschlingen könnte (…)."

„In der nächsten Woche disputierte er dann mit mir. (…) Hier stapfte er nun so recht mutig auf seinem alten Kampfplatze umher (…) und bezichtigte mich offen der Ketzerei und Begünstigung der böhmischen Ketzer (…). Ich meinerseits hielt ihm die tausend Jahre der griechischen Christenheit und alten Väter entgegen, die nicht unter des Papstes Gewalt gestanden (…).
Da aber schwoll diese Giftnatter an und bauschte dies Verbrechen von mir ganz unmäßig auf, und wurde auf der anderen Seite ganz närrisch vor lauter Schöntun mit den guten Leipzigern."
(Luthers Werke, 1. Band, S. 31, 50 ff., bearbeitet)

A1 Suche aus dem Bericht den Hauptpunkt des Streits heraus. Ergänze die Sätze: Luther sagt, dass (…). Eck sagt, dass (…).

A2 Erfinde Schlagzeilen für eine damals erscheinende Flugschrift über das Streitgespräch.

Im Gebiet des heutigen Sachsen sind frühe Spuren der Reformation besonders in ernestinischen Gebieten zu finden. Eine besondere Rolle spielt Torgau, das im 16. Jahrhundert die bevorzugte Residenz der sächsischen Kurfürsten war. Sie gehörte zu den ersten Städten, in denen Ideen Martin Luthers in die Praxis umgesetzt werden konnten. Luther

A3 Beschreibe, was die Abbildungen über die Position Luthers im Streit erzählen. Vergleiche ihre Aussagen.

Links: Das Streitgespräch zwischen Luther und Eck (Lutherdenkmal in Eisleben, errichtet im 19. Jh.)

Rechts: Das Streitgespräch (Relief am Fregehaus in Leipzig)

Innenansicht der Schlosskirche in Torgau. Die Schlichtheit des Raumes mit der Kanzel im Mittelpunkt entsprach dem Willen Luthers.

selbst soll vierzig Reisen dahin unternommen haben. In einer Torgauer Kirche wurde zum ersten Mal in deutscher Sprache getauft und gepredigt. 1544 weihte Martin Luther die Schlosskirche ein. Sie war der erste protestantische Kirchenbau überhaupt. Das Innere dieses Kirchenbaues ist noch heute fast in seiner ursprünglichen Gestalt erhalten.

In Torgau schlossen bereits 1526 die reformatorischen Fürsten einen Bund. In Mühlberg, ganz in der Nähe von Torgau, werden sie später im Schmalkaldischen Krieg vernichtend geschlagen.

A1 *Wittenberg sei die „Mutter", Torgau die „Amme" der Reformation, so sagt man. Erläutere die Bedeutung Torgaus.*

Über viele Jahrhunderte waren Schule und Bildung ganz eng mit der katholischen Kirche verbunden

gewesen. In protestantischen Ländern ging deshalb der Aufbau von Landeskirchen mit entscheidenden Veränderungen in der Bildung einher. Die sächsischen Fürstenschulen von Meißen, Schulpforta, später auch Grimma sind dafür deutliche Zeichen.

Q2 Aus der kurfürstlichen Landesverordnung von 1543:
*„Und erstlich wollen wir, dass sie (die Schüler) in einer Schulen gleichförmig gelernet und zu rechter Stunde zu Morgen, Mittag, Vesper und Abend gespeiset und unterhalten werden (...). Wenn sie aber in der Schule angenommen (sind,) sollen sie sechs Jahre darin umsonst unterhalten und gelernt werden (...). Da aber einer zu ungeschickt, ungehorsam befunden (werde), der soll (...) aus der Schule gewiesen (werden). (...)
Nach Endung der sechs Jahre mögen die Knaben in unsere Universität gegen Leipzig geschickt werden."*
(Archiv ehemaliger Fürstenschüler, bearbeitet)

A2 *Begründe, warum die Reformation Veränderungen im Bereich der Schulen und Universitäten nach sich zog.*

Die Schule in Grimma wurde 1550 gegründet. Grundlage war das Vermögen eines aufgelösten Augustinerklosters in Nimbschen. Anfangs lebten hier 74 Schüler. Die Einrichtung von Freistellen hatte es möglich gemacht, dass in der Schule auch bürgerliche Kinder lernten. Aufnahmeprüfungen und sich jährlich wiederholende Prüfungen durchzogen die sechs Schuljahre.

Am Anfang wurden Latein und Religion unterrichtet. Ab 1562 ergänzte Rechnen den Plan. Fächer wie Geschichte, Geografie, Deutsch folgten, auch Sprachen wie Französisch, Italienisch und Englisch. Im 19. Jahrhundert kamen dann die Naturwissenschaften hinzu.

A3 *Was macht deiner Meinung nach die Schule in Grimma zu einer „Fürstenschule"?*

Im Bemühen um Schulen, die auf die Universität vorbereiteten, waren in der Reformationszeit u.a. auch die Kreuzschule in Dresden, die Nikolai- und die Thomasschule in Leipzig und das Gymnasium in Zwickau umgestaltet bzw. gegründet worden.

Fürstenschule St. Augustin in Grimma. Die Postkarte von 1908 zeigt neben dem Schulgebäude die Ruinen des Klosters, dessen Vermögen für die Einrichtung der Schule genutzt wurde.

5.12 Die katholische Kirche erneuert sich

Die Reformation erschütterte die Papstkirche. Große Teile Europas wurden ihrem Einfluss entzogen. Wollte sie diese Krisensituation überwinden, musste sie die Kraft finden, sich selbst zu erneuern. Zu Hilfe kam ihr, dass sich die neuen Konfessionen gegenseitig bekämpften.

Q1 Sinngedicht von Friedrich von Logau:
„Lutherisch, Päpstlich und Calvinisch, diese Glauben alle drei sind vorhanden; nur ist Zweifel, wo das Christentum dann sei."
(Hühns: Bauer, Bürger, Edelmann, S. 244)

A1 *Fasse diese Kritik in eigene Worte.*

Das Konzil von Trient bewies nach langwierigen Beratungen (1545 bis 1563), dass die römisch-katholische Kirche die Kraft besaß für eine innere Reform. Mit diesem Konzil wurde die gegenwärtig gültige katholische Glaubenslehre begründet.

Das Konzil von Trient. Die Teilnehmer (Bischöfe, Kardinäle, Äbte) bilden einen Halbkreis. Über dem Kreuz die Vertreter des Papstes, darüber Gottvater, Jesus und die Taube als Zeichen des Heiligen Geistes.

A2 *Was wird durch diese Art der Darstellung des Konzils symbolisiert?*

Die Antworten des Konzils von Trient auf zwei entscheidende Fragen:

Wodurch kann sich die katholische Kirche erneuern?
1. Nur die katholische Kirche ist berechtigt, die Bibel auszulegen. Alle protestantischen Lehren sind daher Irrlehren. Vor solchen Irrlehren müssen die Gläubigen geschützt werden.
2. Vergebung der Sünden ist sowohl durch den Glauben, als auch durch gute Werke zu erlangen.
3. Der Verkauf kirchlicher Ämter ist verboten.
4. Die Geistlichen müssen besser auf ihren Beruf vorbereitet werden.

5. Der Missbrauch des Ablasses ist untersagt.

Wodurch unterscheidet sich die katholische Kirche von anderen Kirchen?
1. Glaubensquellen sind die Bibel und die kirchliche Überlieferung.
2. Der Priester ist Vermittler zwischen Gott und den Menschen.
3. Die wesentliche gottesdienstliche Handlung ist die Heilige Messe, die der Priester mit der Gemeinde feiert.
4. Es gibt sieben Sakramente.
5. Das Abendmahl wird den Gläubigen in Gestalt des Brotes gespendet.
6. Die Priesterehe ist verboten.
7. An der Spitze der Kirche steht der Papst.

A3 *Vergleiche die Entscheidungen des Konzils mit den dir bekannten Missständen in der Papstkirche am Ende des 15. Jahrhunderts.*

A4 *Erläutere die Unterschiede zur evangelisch-lutherischen Glaubenslehre.*

A5 *In der Gegenwart bewegt die Christen ökumenisches (die Christenheit insgesamt betreffend) Denken. Welche Voraussetzungen sind dafür erforderlich?*

6.13 Die Gegenreformation

Der Spanier Ignatius von Loyola (1491–1556) leitete die Wende ein im Kampf gegen die neuen Konfessionen. Seine Überlegung war: Wenn die Feinde der Papstkirche eine Reformation der Kirche fordern, antworten wir ihnen mit einer Gegenreformation der katholischen Kirche. Er erfasste auch, dass diese nicht allein gewaltsam erfolgen durfte. Von den Mitgliedern des von ihm 1539 gegründeten Jesuitenordens forderte er daher, dass sie die Feinde der katholischen Kirche auch durch Leistungen in Wissenschaft und Bildung bekämpfen müssen. Der Papst bestätigte 1540 den neuen Kirchenorden. Schwerpunkte seines Einsatzes wurden die Grenzgebiete zu den protestantischen Bekenntnissen.

Wegen seines kompromisslosen Vorgehens und der straffen inneren Gliederung verglich man den Jesuitenorden frühzeitig mit einer militärischen Organisation.

Q1 Brief Loyolas an die portugiesischen Ordensgenossen vom 26.3.1553:
„*Deshalb sollen wir niemals auf die Person sehen, der wir gehorchen, sondern in ihr auf Christus unsern Herrn, dem zuliebe der Gehorsam zu leisten ist. Denn nicht etwa, weil der Obere sehr klug oder sehr tugendhaft oder in irgendwelchen anderen Gaben Gottes unseres Herrn besonders ausgezeichnet ist, sondern weil er Gottes Stelle vertritt und von ihm Vollmacht hat: deshalb muss man*

A1 *Schließe aus dem Bild auf das Verhältnis zwischen Papst und Ordensgründer.*

ihm gehorchen. Daher möchte ich, dass Sie alle sich darum bemühen, in jedem beliebigen Obern Christus unsern Herrn zu sehen und ihm mit allem Eifer Gottes Majestät, Ehrfurcht und Gehorsam erweisen."
(Die Neuzeit, S. 68 f.)

A2 *Warum wurden die Jesuiten von Loyola auch als „Soldaten des Papstes" bezeichnet? Äußere deine Auffassung zu einem solchen Gehorsam.*

Die Inquisition (= Untersuchung) 1215 gegründet, bediente sich der Gewalt, um das „Ketzertum" zu unterdrücken. Da sie im Geheimen arbeitete, verbreitete sie lähmende Furcht. Die Gegenreformation setzte verstärkt dieses Mittel ein. Inquisitoren wurden vom Papst eingesetzt und waren nur ihm allein verantwortlich. Auch in späteren Jahren hat dieses Tribunal durch Aufsehen erregende Prozesse auf sich aufmerksam gemacht: Der berühmte Galileo Galilei musste im Jahre 1633 der kopernikanischen Lehre abschwören, die durch das Tribunal 1616 verdammt worden war. Besonders hart war die spanische Inquisition. Der spanische König benutzte sie, um seine Macht zu festigen und seinen Reichtum zu vergrößern. Wer in die Fänge der Inquisition geriet (Anklage, Untersuchung: Verhör, Folter, Urteil), hatte Schlimmstes zu befürchten. Nicht selten drohte jahrelange Kerkerhaft ohne Gerichtsverhandlung. Dem Scheiterhaufen ging das „Autodafé" voraus. Auf einem ausgeschmückten zentralen Platz fand ein feierlicher Gottesdienst statt, an dessen Ende die Urteile über die „Ketzer" verkündet wurden. Wenn ein Verurteilter vor der Hinrichtung starb, so wurde sein Leichnam verbrannt. Vor der Verbrennung wurde der „Ketzer" aus der Kirche ausgestoßen.

Ignatius von Loyola erhält von Papst Paul III. die Bestätigung des Jesuitenordens (Gemälde um 1540).

Autodafé.
Gemälde von
Pedro Berruguete
(gest. 1504)

Aus Glaubensgründen verloren im 16. Jahrhundert viele Menschen ihr Leben. Besonders blutig verliefen die Glaubenskriege gegen die Calvinisten in den spanischen Niederlanden (heute Belgien) und in Frankreich. Allein in Frankreich wurden in zwei Wochen über 30 000 Hugenotten (frz. Calvinisten) ermordet.

A1 Beschreibe die am „Autodafé" beteiligten Personengruppen.

A2 Warum wurden die Verurteilten so in der Öffentlichkeit gezeigt?

A3 Welchen Eindruck vermittelt dir dieses Bild?

A4 Äußere deine Meinung zur Rolle der Gewalt in der Gegenreformation.

Bartholomäusnacht. Mehrere aufeinander folgende Vorgänge wurden in diesem zeitgenössischen Gemälde zusammengefasst.

6.14 Der Hexenwahn

Im 16. und 17. Jahrhundert nahm der Hexenwahn seine gefährlichsten Formen an. Alle Religionsparteien suchten sich in der Verfolgung und Vernichtung von „Hexen" und „Zauberern" zu überbieten.

Im größeren Umfang setzten die Hexenverfolgungen etwa um 1400 ein und dauerten drei Jahrhunderte. Die letzte Hinrichtung in Mitteleuropa fand 1793 in Posen statt. Sie richteten sich vor allen Dingen gegen Frauen und Mädchen, die den haarsträubendsten Unterstellungen schutzlos ausgeliefert waren: Sie hätten mit dem Teufel Liebesbeziehungen, würden Tiere „verhexen", Krankheiten in die Familie bringen. Sie könnten durch die Lüfte reisen und würden sich mit anderen Hexen auf einem Tanzplatz versammeln. Für die unzähligen Opfer mag das Schicksal der siebenundsechzigjährigen Witwe

Schwerpunkte der Hexenverfolgung in Europa

Klara Geißlerin stehen, die 1597 in Gelnhausen verhaftet wurde. Sie war von einer anderen Frau, die wegen Hexerei hingerichtet worden war, unter der Folter des Zusammenlebens mit drei Teufeln und ähnlicher Verbrechen bezichtigt

A1 *Bestimme anhand der Karte, wo Schwerpunkte der Hexenverfolgungen lagen.*

worden. Beim Verhör leugnete Klara Geißlerin ihre Schuld. Man begann sie zu foltern.

A2 *Worin drückt sich in dieser zeitgenössischen Darstellung der Aberglaube der damaligen Zeit aus?*

Hexenverbrennung 1555 in Dernburg bei Rheinstein am Harz. Über den Hexen hat der Zeichner den Teufel in Gestalt eines Drachens abgebildet.

Von der Folter befreit, widerrief sie diese Aussagen – und wurde wiederum gefoltert. Dies wiederholte sich nochmals. Sie starb während der letzten Folter. Ihre Leiche wurde verbrannt.

A1 *Sage deine Meinung über das Verhalten von Klara Geißlerin.*

A2 *Äußere dich über Gerichte, die sich der Folter bedienen.*

A3 *Was weißt du über den Einsatz der Folter in der heutigen Welt?*

Für uns ist es kaum vorstellbar, in welchem Maße der Glaube an Zauberei über Jahrhunderte verbreitet war. Überirdische Kräfte, sowohl im Guten wie im Bösen, billigte man insbesondere Frauen zu. Wahrscheinlich entstand das Bild der gefürchteten bösen Hexe erst im Mittelalter, als die katholische Kirche dem Teufel in ihren Predigten immer mehr Raum gab. Menschliche Schwächen, auch die der Priester selbst, konnten so verständlich gemacht werden. In der Forschung gibt es auch die Auffassung, dass Frauen als Hexen verfolgt wurden, weil sie als „weise" Heilerinnen (z. B. als Hebammen) nach heidnischem Brauch arbeiteten und damit dem damals aufkommenden männlichen Arztberuf Konkurrenz machten. 1484 legte eine päpstliche Bulle fest, welche als die Hauptübeltaten der Zauberer und der Hexen in Deutschland galten. 1487 veröffentlichten

Folter. Holzschnitt des Petrarca-Meisters, Anfang 16. Jh.

zwei deutsche Dominikanermönche den furchtbaren „Hexenhammer", der als Lehrbuch der Hexenverfolgung galt. Damit begann der Höhepunkt der Hexenverfolgung in Europa.

Für die beteiligten Richter war die Hexenverfolgung ein einträgliches Geschäft. Für jede verbrannte „Hexe" erhielten sie vier bis fünf Taler und deren Eigentum. Bei reichen Opfern war also viel zu gewinnen, Arme hingegen schaffte man sich auf diese Weise billig vom Halse.

A4 *Versuche zu erklären, warum die Hexenverfolgung in der Zeit der Reformation und Gegenreformation ihren Höhepunkt erreichte.*

A5 *Bei welchen Tätigkeiten stellt der Künstler die „Hexen" dar?*

Hexensabbat. Holzschnitt von Hans Baldung Grien, 1510

7 Der Dreißigjährige Krieg (1618–1648)

7.1 In Deutschland entstehen zwei feindliche Lager

Das Heilige Römische Reich Deutscher Nation galt noch im 16. Jahrhundert als das führende Land Europas. Fast unmerklich veränderten sich jedoch die Gewichte. Neue Handelsverbindungen und aufstrebende Staaten wie Frankreich und England ließen Deutschlands Bedeutung sinken. Der Tiefpunkt dieser Entwicklung wurde im Dreißigjährigen Krieg erreicht. Europäische Konflikte wurden auf deutschem Boden ausgekämpft, Landsknechte fast aller europäischen Nationen hinterließen ein einst blühendes Land in einem schrecklichen Zustand.

Die Erfahrung dieses Krieges hat der zeitgenössische deutsche Dichter Friedrich von Logau in diese Verse gefasst:

Q1 „*Kummer, der das Mark verzehret,*
Raub, der Hab und Gut verheeret,
Jammer, der den Sinn verkehret,
Elend, das den Leib beschweret,
Grausamkeit, die Unrecht kehret,
sind die Frucht, die Krieg gewähret."
(Hühns: Bauer, Bürger, Edelmann, S. 234)

A1 *Gib mit deinen Worten den Inhalt des Gedichts wieder.*
A2 *Gelten diese Worte auch für Kriege in der Gegenwart?*
A3 *Vergleiche Bild und Gedicht.*

Der Augsburger Religionsfrieden von 1555 war nur ein Waffenstillstand. Die Religionsparteien versuchten nach wie vor, das bestehende Kräfteverhältnis zu ihren Gunsten zu verändern. Deshalb gab es auch in der zweiten Hälfte des 16. Jahrhunderts fortwährend Konflikte. Ihre eigentliche Wurzel hatten sie in dem Bestreben der Landesherren, ihre Macht weiter auszubauen. Viele Tausende Menschen wurden zur Auswanderung getrieben. Auf diese Weise konnte die Gegenreformation unter Führung des Jesuitenordens besonders in Süddeutschland wieder große Gebiete unter ihren Einfluss bringen.

Mehrere protestantische Fürsten und einige Städte schlossen sich 1608 zu einem Bündnis – Union genannt – zusammen. Die katholischen Fürsten antworteten 1609 mit der Gründung der Liga. Beide Bündnisse fanden europaweit Unterstützung. Der Riss, der die Staaten Europas trennte, ging quer durch Deutschland.

A4 *Suche auf der Karte S. 136 die Länder, die entweder die Union oder die Liga unterstützten.*
A5 *Warum unterstützte das katholische Frankreich das Bündnis der protestantischen Fürsten und Städte? Die Karte hilft dir bei der Erklärung. Welche Schlüsse ziehst du aus diesem Bündnis?*

Szene aus dem Dreißigjährigen Krieg, zeitgenössische Darstellung

Die feindlichen Lager zu Beginn des Dreißigjährigen Krieges

1608	1609
Union	Liga
Kurfürst Friedrich von der Pfalz.	Herzog Maximilian von Bayern.
Protestantische Fürsten und Städte.	Katholische Fürsten, Bischöfe und Äbte.
Unterstützt von:	Unterstützt von:
- den Vereinigten Niederlanden	- den spanisch-habsburgischen
- Frankreich	Ländern (Kaiser) und
- Dänemark	- dem Papst
- England	
- Schweden	

7.2 Fenstersturz und Winter-könig

Liga und Union rüsteten zum Krieg. Noch fehlte der Funke, der den Kriegsbrand auslöste:

In Böhmen war die Lage angespannt. Der überwiegend protestantische Adel fürchtete um seine Freiheiten. Kaiser Rudolf II. hatte ihm 1609 im „Majestätsbrief" Religionsfreiheit zugesichert, aber Ferdinand II., böhmischer König und bald auch Kaiser, unterstützte den Erzbischof von Prag, der im Mai 1618 zwei protestantische Kirchen schließen ließ. Das sah der Adel als Gelegenheit, die protestantische Union für sich einzuspannen: Seine Vertreter ritten zur Burg, um die kaiserlichen Räte, die den Kaiser aufgehetzt hätten, demonstrativ zu strafen. Die beiden Räte und ihr Sekretär wurden aus dem Burgfenster geworfen. Sie überlebten den Sturz aus 17 Meter Höhe, weil sie auf einen Misthaufen fielen, flohen nach Wien und berichteten dem Kaiser.

Aus diesem lokalen Vorfall entwickelte sich ein Krieg, der dreißig Jahre lang Deutschland heimsuchte.

A1 *Beschreibe den Anlass des Krieges.*
A2 *Vielleicht wirkt der Fenstersturz auf dich komisch – ist er es wirklich?*

Der Prager Fenstersturz. Gemälde aus dem 19. Jh.

GEWUSST WIE!

Anlass und Ursachen eines Krieges unterscheiden

Wir unterscheiden den *Anlass* und die *Ursachen* eines Krieges.

– Der *Anlass* ist der Krieg auslösende „Funke", ein manchmal eher banal wirkendes Ereignis, das zum Ausbruch der Gewalttätigkeiten führt.
– Die *Ursachen* wirken bereits längere Zeit, manchmal Jahrzehnte oder Jahrhunderte. Es sind Widersprüche und Konflikte zwischen den später Krieg führenden Parteien.

A3 *Nenne den Anlass und die Ursachen für den Dreißigjährigen Krieg.*

Der böhmische Adel verbot den Jesuitenorden und vertrieb katholische Adlige und Kirchenfürsten. Ferdinand II. wollten sie nicht mehr untertan sein. So wählten sie im Herbst 1619 Kurfürst Friedrich von der Pfalz zu ihrem König. Da dieser nur einen Winter in der Prager Burg regierte, wurde er später der „Winterkönig" genannt. Graf Tilly, der Feldherr der Liga, siegte 1620 in der Schlacht am Weißen Berg in der Nähe Prags über die Böhmen. Friedrich von der Pfalz floh. Die meisten protestantischen böhmischen Adligen wurden hingerichtet. Ihren Besitz erhielten kaisertreue Katholiken. Um ihr Leben zu retten, verließen viele Protestanten das Land. Der Sieg der Liga und des Kaisers schien eindeutig.

A1 *Stellt Vermutungen an, warum es dennoch nicht zum Frieden kam.*

7.3 Die Mächte Europas kämpfen in Deutschland

1625 trat der dänische König Christian IV. an der Seite der Protestanten in den Krieg ein. Der Kaiser verdankte es vor allem dem böhmischen Adligen Albrecht von Wallenstein, dass er in diesem Kampf siegreich blieb. Auch Norddeutschland, mit Ausnahme von Stralsund, geriet nun unter katholische Herrschaft.

1630 griff König Gustav Adolf von Schweden an der Seite der Protestanten in den Krieg ein, um seine Machtposition im Norden zu stärken. Das kaiserlich-katholische Lager erlitt schwere Rückschläge. Doch Wallenstein gelang es, für den Kaiser ein neues schlagkräftiges Heer aufzustellen. 1632 siegten bei Lützen zwar die Schweden, doch der Tod ihres Königs schwächte sie. Als sie

1634 geschlagen wurden, hätte der ersehnte Frieden kommen können.

Die Stabilisierung der kaiserlich-katholischen Partei war aber nicht im Sinne Frankreichs. Ab 1635 beteiligte es sich an der Seite Schwedens am Kampf um die Vorherrschaft in Europa. Schwedische und französische Heere durchzogen Deutschland, ehe nach langen Verhandlungen 1648 der Westfälische Frieden unterzeichnet werden konnte.

A2 *Gib einen Überblick über den Verlauf des Dreißigjährigen Krieges.*

Mit welchen Absichten führten die ausländischen Mächte Krieg auf deutschem Boden? Diese lassen sich z. B. für Schweden aus den Anweisungen ableiten, die den schwedischen Gesandten für die Friedensverhandlungen gegeben wurden:

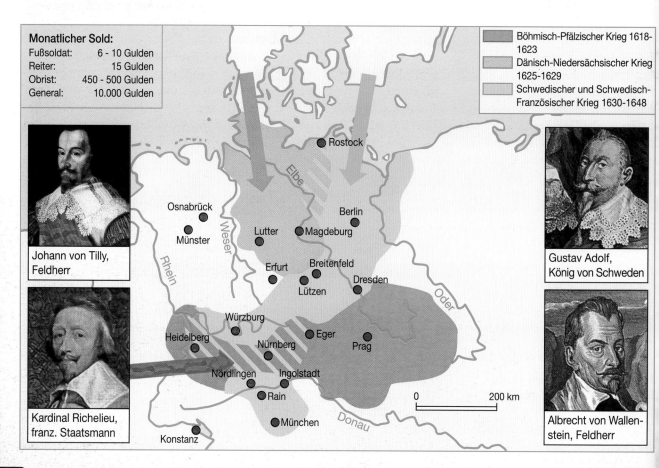

Monatlicher Sold:

Fußsoldat:	6 - 10 Gulden
Reiter:	15 Gulden
Obrist:	450 - 500 Gulden
General:	10.000 Gulden

Böhmisch-Pfälzischer Krieg 1618-1623

Dänisch-Niedersächsischer Krieg 1625-1629

Schwedischer und Schwedisch-Französischer Krieg 1630-1648

Rostock

Osnabrück

Berlin

Münster · Lutter · Magdeburg

Erfurt · Breitenfeld

Dresden

Lützen

Würzburg

Heidelberg · Eger

Nürnberg · Prag

Nördlingen · Ingolstadt

Rain

München

Konstanz

Elbe · Weser · Rhein · Oder · Donau

0   200 km

Johann von Tilly, Feldherr

Kardinal Richelieu, franz. Staatsmann

Gustav Adolf, König von Schweden

Albrecht von Wallenstein, Feldherr

Der schwedische Kronrat trug seinem Unterhändler auf, dafür zu sorgen, dass „(...) der schwedischen Krone Wiedergutmachung gewährt wird (...) Wenn die (...) Wiedergutmachung zugestanden ist, dann sollen die Kommissare (...) die Rede auf ein ansehnliches Fürstentum in Deutschland bringen, das der schwedischen Krone (...) übertragen und abgetreten würde. Kommt man darauf zu sprechen, welches Land es sein sollte, dann ist Pommern zu nennen. (...) Wenn man darüber einig ist, müssten die Kommissare durchsetzen, dass als Sicherheit die schwedische Krone die Städte Wismar, Fort Walfisch bei Wismar und Warnemünde mit den Zöllen in Händen hält.“

(Geschichte für die Hauptschule, S. 54 f.)

Söldner im Dreißigjährigen Krieg

A1 *Erläutere die Ziele Schwedens in den Friedensverhandlungen.*

7.4 Wallenstein und die neue Art Krieg zu führen

Wallenstein war eine widersprüchliche Persönlichkeit. So arbeitete er in Böhmen eng mit den Jesuiten zusammen, in Mecklenburg setzte er sich dagegen für die Protestanten ein. Für nicht wenige war er mit dem Teufel im Bunde. Andere glaubten an eine große politische Begabung. Mit Sicherheit war er ein überragender Organisator, ungewöhnlich ehrgeizig und machtbesessen.

Jesuiten vermittelten Wallenstein die Heirat mit einer reichen Witwe. Mit deren Geld kaufte er die Güter hingerichteter protestantischer Adliger in Böhmen. Dort gründete er Werkstätten und regte Handelsbeziehungen an. So konnte er 1625 als General des Kaisers und Befehlshaber von etwa 50 000 Söldnern die Erstausstattung dieser Truppen besorgen.

Mit der Entwicklung der Feuerwaffen entschieden nicht mehr schwer bewaffnete Ritter die Schlacht, sondern Fußsoldaten. Sie waren mit Musketen, Hieb- und Stichwaffen ausgerüstet und traten in geschlossenen Formationen auf. Wichtigste Angriffstruppen wurden die mit Pistolen und Säbeln ausgerüsteten Dragonerregimenter.

A2 *Erläutere an den Abbildungen, wie sich die Kriegstechnik weiterentwickelt hatte.*

Die Landesherren beauftragten Generale und Oberste mit der Werbung und Ausrüstung von Söldnern. Die Werber mussten meist das Geld vorschießen, um Monatssold und Verpflegung ihrer Truppen begleichen zu können, ehe sie von

Reitergefecht zwischen Schweden und Kaiserlichen

ihrem Kriegsherrn eine Auszahlung erhielten. Es versteht sich, dass sie sich dabei tüchtig Zinsen berechneten und ihre eigenen Bezüge nicht zu knapp bemaßen. Ein Söldnerführer war nach unseren Begriffen ein Unternehmer, der mit dem Krieg Gewinn machen wollte. Wallenstein war zweifellos der bedeutendste. Während der Feldzüge wurde geraubt und geplündert, den besetzten Gebieten und Städten wurden „Kontributionen" (Zwangssteuern) auferlegt. Kurzum: Der Krieg ernährte sich selbst, wie es einmal Wallenstein gesagt haben soll. Er selbst vergaß sich dabei nicht. An seine Küche mussten an einem einzigen Tag geliefert werden:

Q1 *„Zwei gute Ochsen, zwanzig Hammel, zehn Heuer (Wildschweine), ein gutes Schwein, fünfundfünfzig Hühner, vier italienische Hähne, zwölf Gänse, sechs Schock (360) Eier, siebzig Maß Milch, sechshundert Laiblein Weiß- und vierhundert Roggenbrot, acht Tonnen Bier, zwei Tonnen Rheinwein, vier Eimer Frankenwein, zwanzig Arten Gewürze, zweiundzwanzig Arten Früchte usw."*
(Hühns: Bauer, Bürger, Edelmann, S. 241)

Zur Zeit der Schlacht bei Lützen kommandierte Wallenstein schon mehr als 100 000 Söldner. Als er eigenmächtig Friedensverhandlungen mit den Schweden einleitete, wurde er 1634 in Eger im Auftrag des Kaisers ermordet.

A1 *Erzähle zu jeder Abbildung eine Geschichte. Was geschieht?*

A2 *Wie konnte Wallenstein zum zweitmächtigsten Mann in Deutschland werden?*

A3 *Versuche zu erklären, warum Albrecht von Wallenstein seinen Zeitgenossen unheimlich erschien.*

Die Ermordung Wallensteins. Stich von Merian

7.5 Die deutsche Bevölkerung leidet

Dreißig Jahre lang verwüsteten Söldner das deutsche Land. Auch Städte mussten unter dem Krieg leiden. Keine traf es aber so verheerend wie die Stadt Magdeburg.

Die blühende Stadt wurde in wenigen Stunden in Schutt und Asche gelegt, ihre Bewohner entweder getötet oder in die umliegenden Ortschaften vertrieben. Die protestantische Stadt hatte sich mit dem Schwedenkönig verbunden. Sie wurde daraufhin ab März 1631 von mehr als 30 000 kaiserlichen Söldnern unter der Führung des Grafen Tilly belagert. Dem konnte Magdeburg nur etwa 2 000 Söldner und 5 000 Bürger entgegenstellen. Die Belagerten waren chancenlos.

Anhand der Rekonstruktion aus Zinnfiguren (unten) „Einbruch in die Hohe Pforte" gewinnen wir eine Vorstellung von der Erstürmung der Stadt am 10. Mai 1631:

A1 *Bringe das Bild unten zum Sprechen. Was passiert gerade?*

Kinderreime bilden in ganz eigener Weise die Zeit ab. Auch sie sind Quellen unseres Geschichtswissens:

A2 *Was hat die Kinder in der Zeit des Dreißigjährigen Krieges beeindruckt?*

Q1 Im Norden sangen die Kinder:
„Maikäfer flieg,
der Vater ist im Krieg,
die Mutter ist im Pommerland,
Pommerland ist abgebrannt.
Maikäfer flieg. "
(Praxis Geschichte, Nr. 1/1996, S. 54)

Q2 Im Süden ist das Kinderlied überliefert:
„*Der Schwed is komme,*
Hat alles mitgnomme,
Hat d'Fenster eingeschlage –
Und's Blei davontrage,
Hat Kugle draus gosse
und d'Bauer tot geschosse.
Bet, Kindle, bet
Jetzund kommt der Schwed. "
(Die Reise in die Vergangenheit, Bd. 3, S. 73)

Erstürmung Magdeburgs. Rekonstruktion

Plünderung eines Bauernhauses

A1 *Beschreibe anhand des Bildes, wie die Landbevölkerung von den Landsknechten behandelt wurde.*

Der Dichter Grimmelshausen beschreibt in seinem Buch „Der abenteuerliche Simplicissimus" den Überfall auf den Bauernhof seines Vaters, den er als Kind erlebte:

Q3 *„Den Knecht legten die Soldaten gebunden auf die Erde, steckten ihm ein Querholz in den Mund und schütteten ihm einen Melkkübel voll garstiger Mistjauche in den Leib – das nannten sie einen schwedischen Trunk. Dadurch zwangen sie ihn, eine Abteilung dahin zu führen, wo die übrigen Bewohner des Hofes sich versteckt hatten. Nicht lange währte es, und sie brachten auch meinen Knan (Vater), meine Meuder (Mutter) und unser Ursule in den Hof zurück. Nun fingen sie an, die Feuersteine von den Pistolen loszuschrauben und dafür meiner Mutter und Schwester die Daumen festzuschrauben und die armen Schelme so zu foltern, als wenn man Hexen brennen wollte. Mein Knan war meiner damaligen Ansicht nach der Glücklichste, weil er mit lachendem Munde bekannte, was andere unter Schmerzen und Wehklagen sagen mussten. (...) Sie setzten ihn nämlich an ein Feuer, banden ihn, dass er weder Hände noch Füße regen konnte, und rieben seine Fußsohlen mit angefeuchtetem Salz ein, das ihm unsere alte Geiß wieder ablecken musste. Das kitzelte ihn so, dass er vor Lachen hätte bersten mögen. Mir kam das so spaßig vor, dass ich zur Gesellschaft, oder weil ich's nicht besser verstand, von Herzen mitlachen musste."*

(Grimmelshausen, H. J. Ch. v.: Der abenteuerliche Simplicissimus, S. 16 ff., leicht vereinfacht)

A2 *Welche Foltern werden hier in kindlicher Naivität beschrieben?*

A3 *Seit dem Dreißigjährigen Krieg kennt die deutsche Sprache den Ausdruck „sich totlachen". Sage dazu deine Meinung.*

Grimmelshausen wurde nach der Zerstörung seines Elternhauses selbst Landsknecht. Er berichtet darüber, dass hinter jedem Söldnerheer ein riesiger Tross herzog, in dem fahrende Händler, Knechte, Soldatenfrauen und -kinder, Huren, Diebes- und Räubergesindel Unterschlupf fanden. Nach den Worten von Grimmelshausen war das im Vergleich zu den Landsknechten vielleicht noch die schlimmere Landplage. Diese Menschen existierten vom Stehlen, Betrügen, Plündern und Morden.

7.6 Sachsen – ein Land im Krieg

Als der Krieg 1618 im Nachbarland Böhmen begann, gehörte das Kurfürstentum Sachsen keinem der beiden Bündnisse an. Sein Kurfürst, Johann Georg I., wurde aber von beiden Seiten heftig umworben. Der Kaiser bot ihm Gebiete in Schlesien und die Lausitz. Das gab den Ausschlag dafür, dass sich Johann Georg als protestantischer Fürst 1620 auf die Seite der katholischen Liga stellte.

Mit 15 000 Soldaten besetzte er unverzüglich einen Teil dieser Gebiete. Weil der Kaiser aber in den folgenden Jahren die Rückgabe von Besitzungen an die katholische Kirche vorantrieb, drohte dem Kurfürst der Verlust anderer, für ihn sehr wichtiger Landesteile. Als der Schwedenkönig Gustav Adolf in das Kriegsgeschehen in Deutschland eingriff, schlug sich der sächsische Fürst auf dessen Seite. Die blutigen Schlachten bei Breitenfeld und Lützen fanden nicht nur auf sächsischem Gebiet statt, auch sächsische Truppen waren beteiligt. 1635 näherte sich Sachsen wieder dem kaiserlichen Lager. Der Kurfürst schloss mit dem Kaiser einen Sonderfrieden ab und erhielt die Lausitz.

A1 *Erarbeite dir einen Überblick darüber, auf welcher Seite das Kurfürstentum in einzelnen Kriegsabschnitten kämpfte.*

A2 *Stelle zusammen, was den Kurfürsten zum mehrfachen Seitenwechsel veranlasst haben kann.*

Der Krieg aber blieb im Land. In den dreißiger und vierziger Jahren wurde das sächsische Gebiet so in das Kriegsgeschehen einbezogen wie kaum ein anderes Fürstentum. Dabei machte es nur wenig Unterschied, ob es die Kaiserlichen, die Schweden oder auch die eigenen Truppen waren, die das Land heimsuchten. Erhöhte Steuern, erpresste Zahlungen, Einquartierungen und Schikanen waren die geringeren Übel. Namentlich das Vogtland und das Erzgebirge litten entsetzlich unter den Raubzügen verwilderter Heerscharen. Marienberg, Adorf, Schneeberg, Zwickau sind nur einige Beispiele gebrandschatzter und ausgeplünderter Städte. Leipzig wurde dreimal von fremden Truppen eingenommen. Die von den Eroberern auferlegten Zahlungen gingen ins Unermessliche.

Im Jahre 1637 fiel eine schwedische Truppe über Wurzen her. Es gab keine Marter, die nicht angewendet wurde, um das sorgsam verborgene Geld zu erpressen. „Wurtzener Creutz- und Marterwoche" wird man später die Ereignisse nennen.

Beschießung der Leipziger Pleißenburg durch die Schweden im Jahre 1642.

Q1 Eintragungen in einer Chronik des Jahres 1637:

2. 1. Etliche von Adel und wenige von der Bürgerschaft fliehen.
3. 1. Ein schwedischer Rittmeister droht mit höchster Ungnad und Vertilgung, wenn nicht 12 000 Taler für einen Schutzbrief gezahlt werden.
4. April: Schweden dringen in die Stadt ein, plündern, quälen, brandschatzen. Es wäre jetzt Marterwoche. Fünfe haben ein Kind von 8 Jahren auf öffentlichem Markt zu Tode gebracht. Mittwoch, 5. April: Alle Beute und das gesamte Vieh werden nach Torgau gebracht.
7. April: Die Stadt wird an fünf Stellen in Brand gesteckt, die Toten bleiben unbestattet liegen.

(Rundblick 1987, S. 85)

Kirchenbücher als Quellen

Zu vielen Orten gibt es für die Zeit des Dreißigjährigen Krieges recht genaue Angaben darüber, wie viel Menschen Opfer von Krieg, Seuchen und Hunger geworden sind. Grundlage dafür sind meistens die Eintragungen in Kirchenbüchern. Kirchenbücher sind Verzeichnisse der Pfarrämter, in denen Einträge zur Taufe, Konfirmation (evangelisch), Firmung (katholisch), Trauung und zum Todesfall stehen. Sie reichen oft bis in das 16. Jahrhundert zurück. Wenn sie nicht selbst Opfer eines Krieges oder von Zerstörung wurden, sind sie einmalige Geschichtsquellen mit sehr genauen Angaben.

Auskünfte zu deinem Ort geben vielleicht auch Kirchenbücher im Pfarramt. Weil sie einen sehr behutsamen Umgang erfordern und auch schwer zu entziffern sind, wird dir wohl nur ein vorsichtiger Blick auf die alten Aufzeichnungen möglich sein.

A2 *Frage im Pfarramt nach, ob die Kirchenbücher bis 1648 zurückreichen.*

A3 *Bitte die Pastorin oder den Pfarrer um Auskünfte darüber, ob es Auswertungen der Bücher gibt, die du nutzen kannst.*

Hunderte Bewohner kamen in ihren Häusern um. Von den 5 500 blieben knapp 500 am Leben. Bis 1644 ist die Stadt durch 24 Plünderungen verwüstet worden. Es dauerte 130 Jahre, bis Wurzen wieder so viele Einwohner hatte wie vor den Kriegszügen.

Unzählige Orte konnten sich nicht wieder erholen. Übrig blieben Wüstungen. So ging es z. B. den Orten Skassa bei Großenhain, Zweenfurt bei Leipzig und Meucha bei Pirna. Das gleiche Schicksal ereilte auch die Vorstädte von Chemnitz, Zwickau und Leipzig. Einzelne Städte wie Freiberg oder auch die Kleinstadt Mügeln versuchten, den Schweden zu trotzen, teilweise mit Erfolg.

Was der Krieg nicht verschlang, wurde oft Opfer von Seuchen und Hungersnöten. Besonders in den Jahren 1633 und 1637 wütete die Pest.

A1 *Bringe das Bild zum Sprechen. Verfasse eine Eintragung zum dargestellten Geschehen, die in die Chronik Q1 eingefügt werden könnte.*

Darstellung zu Ereignissen in Wurzen im April 1637

7.7 Der Westfälische Frieden

Etwa 40 Prozent der Dorfbewohner verloren durch Krieg, Hunger und Seuchen ihr Leben. Zugvieh und Menschen fehlten bei der Bestellung der Äcker. Einst fruchtbare Felder wurden von Gestrüpp und Wald überwuchert. „Der Krieg konnte den Krieg (nicht mehr) ernähren", „er starb an Erschöpfung." Eine militärische Entscheidung war nicht mehr möglich. Nach langen Verhandlungen wurden in Münster und Osnabrück im Oktober 1648 Friedensverträge unterzeichnet. Dieser Westfälische Frieden regelte für längere Zeit die Machtverhältnisse in Europa und in Deutschland.

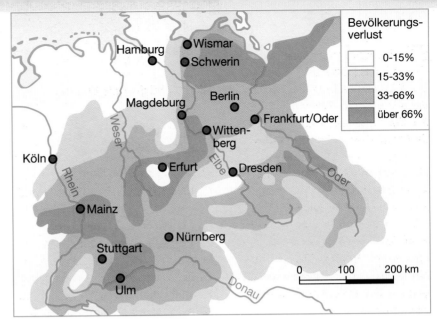

Bevölkerungsverluste im Dreißigjährigen Krieg

A1 *Überprüfe an der Karte die Aussage vom „Kriegsende durch Erschöpfung".*

A2 *Der Dreißigjährige Krieg gilt als die bis dahin größte Katastrophe in der deutschen Geschichte. Stelle dafür Argumente zusammen.*

A3 *Von 1517 bis 1648 wurde um den „rechten Glauben" gerungen. Mit welchem Ergebnis?*

A4 *Stelle Landgewinne und -verluste der am Krieg beteiligten Mächte fest.*

Bestimmungen des Westfälischen Friedens:

Außenpolitisch:
- Frankreich und Schweden wurden Garantiemächte für Deutschland. Frankreich gewann die Vorherrschaft in Europa, Schweden wurde Großmacht.
- Die Vormachtstellung des Hauses Habsburg in Europa war gebrochen. Spanien verlor seine Stellung als Großmacht.
- Die Vereinigten Niederlande und die Schweiz schieden aus dem deutschen Reichsverband aus und wurden selbstständige Staaten.

Innenpolitisch:
- Das deutsche Kaiserreich existierte nur noch dem Namen nach. Der Kaisertitel blieb bis 1806 bei Österreich.
- Die Landesherren waren fast völlig selbstständig (souverän) und konnten auch mit ausländischen Mächten Bündnisse schließen.
- Alle großen Konfessionen – die reformierte einbegriffen – waren gleichberechtigt.
- Die säkularisierten Kirchengüter blieben im Besitz der Landesherren.

Ergebnisse des Westfälischen Friedens

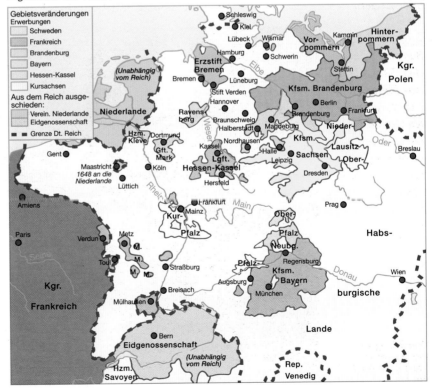

GESCHICHTE
IM ÜBERBLICK

1455	**1492**	**1498**	**1517**	**1519**	**1522**

Portugiesen suchen Seeweg nach Indien.

Kolumbus segelt nach Amerika.

Vasco da Gama erreicht Indien.

Cortés beginnt Eroberung des Aztekenreiches.

Erste Guten-berg-Bibel gedruckt.

Luthers Thesen-anschlag in Wittenberg: Beginn der Reformation.

Bibelübersetzung Luthers auf der Wartburg.

Zusammenfassung:

Die Entdeckungen:

- Mit der Suche der **Portugiesen** nach einem **Seeweg nach Indien** (Heinrich der Seefahrer, Vasco da Gama) beginnt das Zeitalter der Entdeckungen.
- 1492 erreicht **Kolumbus** einen neuen Kontinent: **Amerika**.
- Die Spanier vernichten die Staaten der **Azteken** und **Inkas**. Die indianische Bevölkerung wird grausam ausgebeutet. Später werden schwarze **Sklaven** zur Arbeit eingesetzt (Dreieckshandel).
- Die hoch entwickelten Kulturen in **China** und **Japan** haben Kontakte zu den Europäern, bleiben jedoch unabhängig.

Renaissance und Humanismus:

- Das Denken löst sich von religiösen Zwängen des Mittelalters. Die **Erforschung der Natur** beginnt (**Leonardo da Vinci**), der Mensch rückt in den Mittelpunkt. Die Wiederentdeckung der Antike (Renaissance) beeinflusst Kunst und Kultur.
- Die Entwicklung von **Erfindungen** (Buchdruck), Technik, Wirtschaft und Finanzwesen (Fugger) beschleunigt sich.

Eine neue Zeit

| 1524/25 | 1533 | 1534 | 1555 | 1618 | 1648 |

Eroberung des Inkareiches durch Pizarro.

Gründung des Jesuitenordens, Hauptträger der Gegenreformation.

Aus regionalem Streit entwickelt sich ein europäischer Machtkampf.

Ende des 30-jährigen Krieges: Verwüstung und politische Zersplitterung Deutschlands.

Augsburger Religionsfriede zwischen den Konfessionen.

Beginn des 30-jährigen Krieges.

Deutscher Bauernkrieg: die Aufständischen scheitern. Thomas Müntzer hingerichtet.

Reformation und Glaubenskriege:

- Neues Denken und Missstände in der katholischen Kirche führen ab 1517 zur **Reformation** der Kirche durch **Luther** und weitere Reformatoren (**Calvin, Zwingli; Müntzer**): Die protestantischen Kirchen entstehen.
- Der deutsche **Bauernkrieg** 1524/25 ist mit den Zielen der Reformation eng verknüpft („12 Artikel" der Bauern). Er endet mit der Niederwerfung der aufständischen Bauern durch ein Fürstenheer des Schwäbischen Bundes.
- In der **Gegenreformation** kann die katholische Kirche, teils gewaltsam (**Inquisition**), teils durch Reformen (**Jesuitenorden**), den Protestantismus vor allem in Süddeutschland wieder zurückdrängen. Im **Augsburger Religionsfrieden** 1555 kommt es zu einem vorläufigen Kompromiss.
- Der **Dreißigjährige Krieg** (1618–48) beginnt als regionaler Konflikt, in den die katholisch-kaiserliche Liga und die protestantische Union eingreifen. Er wird bald zum Kampf europäischer Mächte um die politische Vorherrschaft. Er endet mit der **Verwüstung** und **politischen Zersplitterung Deutschlands**, von der vor allem die aufstrebenden Territorialstaaten der Fürsten profitieren.

WORTERKLÄRUNGEN

Acht (Reichsacht)

In Mittelalter und beginnender Neuzeit Strafe bei schweren Vergehen: Vom König oder einem von ihm beauftragten Richter wurde die Acht verhängt. Der Geächtete war aus der Gemeinschaft ausgestoßen und durfte von jedem getötet werden (er war „vogelfrei"). Er verlor seinen Besitz. Wer ihm half, wurde selbst geächtet.

Adel

Durch Ansehen, Geburt und oft auch durch Besitz aus dem Volk herausgehobene Familien. Aus dem Adel stammten im Mittelalter Könige, Herzöge, Grafen und hohe Geistliche.

Allmende

In Mittelalter und früher Neuzeit der gemeinsame Besitz eines Dorfes (Wald, Wiesen, Gewässer). Die Allmende wurde von den Dorfbewohnern gemeinsam genutzt.

Anglikanische Kirche

Die englische Staatskirche (Oberhaupt ist der/die König/in), die sich wegen der Heiratspolitik Heinrichs VIII. von der katholischen Kirche trennte. Sie enthält katholische und protestantische Elemente.

Aristokratie

Herrschaft des Adels.

Bann (Kirchenbann)

Ausschluss aus der Gemeinde der Gläubigen und damit schärfste Strafe der Kirche gegen einen Christen. Durch Buße konnte der Gebannte die Aufhebung des Banns erreichen.

Bürger

In den Städten des Mittelalters und der frühen Neuzeit war die Aufnahme als Bürger abhängig vom Besitz, der Dauer des Aufenthalts in der Stadt und von Steuerzahlungen. Nur männliche Bürger konnten in den Rat der Stadt gelangen und mitbestimmen. Angehörige der Unterschichten hatten kein Bürgerrecht.

Christianisierung

Die Verbreitung des christlichen Glaubens bei den Heiden (Nichtchristen). Die Christianisierung erfolgte teils friedlich (z. B. durch Missionare), teils gewaltsam (z. B. durch Kreuzzüge).

Chronik

Im Mittelalter verbreitete Form der Darstellung geschichtlicher Vorgänge (Weltchronik, Stadtchronik).

Demokratie

Herrschaft des Volkes (griechischer Begriff). In der Demokratie sind die Bürger eines Staates an wichtigen politischen Entscheidungen (z. B. Gesetze, Steuern, Krieg usw.) beteiligt. Die Beteiligung erfolgt entweder direkt in einer Volksversammlung oder über gewählte Vertreter (Abgeordnete, die ein Parlament bilden). Ein Großteil der Bevölkerung (Frauen, z. T. Besitzlose) zählte z. T. bis ins 20. Jh. nicht zu den Bürgern und war daher von jeder Mitbestimmung ausgeschlossen.

Edikt

In Mittelalter und früher Neuzeit die Bezeichnung für Anordnungen des Herrschers.

Frondienst

Arbeiten, die der hörige (abhängige) Bauer ohne Bezahlung für seinen Grundherrn leisten musste.

Frühe Neuzeit

Die Periode von der Entdeckung Amerikas bis zum Beginn der Französischen Revolution.

Gesellschaft

Das geordnete und bewusst gestaltete Zusammenleben von Menschen.

Grundherrschaft

Grundherren herrschten über Land und zugleich über die Bauern, die es bewirtschafteten. Die Bauern mussten dem Grundherrn Abgaben entrichten und Dienste leisten, der Grundherr den Bauern seinen Schutz bieten.

Hörige

Die Bauern, die von einem Grundherrn abhängig waren und ihm Dienste und Abgaben leisten mussten. Sie konnten mit dem Land, das sie nicht verlassen durften, verkauft werden.

Insignien

Herrschaftsabzeichen, z. B. Krone, Zepter, Reichsapfel.

Ketzer

Wer von der Lehre der katholischen Kirche abwich, konnte im Mittelalter und bis in die Neuzeit als Ketzer verfolgt und hingerichtet werden.

Kolonisation

Die (friedliche oder gewaltsame) Siedlung in einem Gebiet außerhalb des eigenen Herrschaftsbereiches. Im engeren Sinne die Inbesitznahme der überseeischen Gebiete durch die Europäer ab dem 15. Jh.

Konfession

Die unterschiedlichen Bekenntnisse des christlichen Glaubens, z. B. evangelisch, römisch-katholisch, griechisch-orthodox usw.

Konkordat

Vertrag zwischen dem Vatikan (Papst) und einem Staat.

Konzil

Eine Versammlung von hohen Geistlichen (Bischöfen), in der über Glaubensfragen beraten und entschieden wird.

Kultur

Menschen leben in Gruppen, die sich in ihrer Lebensweise unterscheiden. Sie haben z. B. unterschiedliche Sprache, Religion, Häuser, Kleidung, Kunstwerke, Musik, Lebensmittel usw. Sie leben also in unterschiedlichen Kulturen.

Landflucht

Die Abwanderung der ländlichen Bevölkerung (Bauern, Landarbeiter) in die Städte.

Missionar

Ein Geistlicher, der im Auftrag der Kirche bei Heiden (Nichtchristen) den christlichen Glauben verbreitet.

Monarchie

Die Herrschaft eines Königs.

Parlament

Im demokratischen Staat eine vom Volk auf Zeit gewählte Vertretung, die über Gesetze entscheidet und vor der sich die Regierung verantworten muss. Frühestes europäisches Parlament war die Ständevertretung in England seit dem 13. Jh.

Protestanten

Bezeichnung zunächst für die Anhänger Luthers, später für alle Anhänger der Reformation (z. B. auch für Calvinisten).

Puritaner

(wörtl. „die Reinen") Bezeichnung für jene Protestanten in England, die eine „Reinigung" des Gottesdienstes von allem katholischen Einfluss forderten. Sie gerieten später in Konflikt mit der anglikanischen Staatskirche, daher z. T. Auswanderung der Puritaner nach Nordamerika.

Säkularisierung

Umwandlung von kirchlichem in weltlichen Besitz bzw. von kirchlicher in weltliche Herrschaft.

Sakrament

In den christlichen Glaubensgemeinschaften eine bestimmte Handlung, die göttliche Gnade vermitteln soll (z. B. die Taufe). Die Kirchen haben z. T. unterschiedliche Sakramente, um deren Bedeutung häufig gestritten wurde.

Söldner

Soldat, der nicht aus Überzeugung kämpft, sondern gegen Bezahlung (Sold) für einen bestimmten Zeitraum angeworben wird. Bevor in der Französischen Revolution die Wehrpflicht aufkam, waren Söldnerheere der Regelfall.

Staat

Das organisierte Zusammenleben von Menschen nach bestimmten Regeln. Im Staat bilden die Menschen eine Einheit (das Volk) und erkennen eine oberste Gewalt (z. B. König, gewählte Regierung usw.) an, die Regelungen für das Zusammenleben erlässt (z. B. Gesetze, Ämter, Strafen usw.).

Stand

Im Mittelalter und in der darauf folgenden frühen Neuzeit galten Menschen mit gleicher sozialer Herkunft als dem gleichen Stand angehörig. Den ersten Stand bildeten die Geistlichen, den zweiten der Adel, den dritten die Bauern. Mit Entstehung der Städte kam ein vierter Stand hinzu: die Bürger.

Vasall

Gefolgsmann im Lehenswesen. Kronvasallen erhielten ihr Lehen direkt vom König.

Verfassung

Ein Ausdruck für die Art und Weise, wie die Herrschaft in einem Staat geregelt ist (wer herrscht, wer mitbestimmt, wie Gesetze und Rechtsprechung zu Stande kommen usw.). Die wichtigsten Herrschaftsformen sind: Monarchie (Königsherrschaft); Aristokratie (Adelsherrschaft) und Demokratie (Volksherrschaft).

Zepter

Verzierter Stab als Zeichen der weltlichen (königlichen) Herrschaft.

Zölibat

Die Pflicht zur Ehelosigkeit, besonders bei katholischen Geistlichen.

REGISTER

Verzeichnis zitierter Literatur

Acta Imperii, Angliae et Franciae (hg. von F. Kern), Tübingen 1911

Ausgewählte Quellen zur deutschen Geschichte des Mittelalters, Bd. 17, Darmstadt 1965 (Wiss. Buchges.)

Ausgewählte Quellen zur deutschen Geschichte des Mittelalters, Bd. 32, Darmstadt 1974 (Wiss. Buchges.)

Ausgewählte Quellen zur deutschen Geschichte des Mittelalters, Bd. 31, Darmstadt 1968 (Wiss. Buchges.)

Ausgewählte Quellen zur deutschen Geschichte des Mittelalters, Bd. IV b, Darmstadt 1968 (Wiss. Buchges.)

Ausgewählte Quellen zur deutschen Geschichte des Mittelalters, Bd. 37, Darmstadt 1982 (Wiss. Buchges.)

Borries, Bodo von: Massenmord – Heldentat – Erlösung? Die Eroberung von Jerusalem, in: Geschichte lernen, Heft 7/1989 (Friedrich-Verlag)

Borst, Arno: Lebensformen im Mittelalter, Berlin 1987 (Propyläen)

Bredel, Willi: Die Vitalienbrüder, Rostock 1979 (Hinstorf)

Brinker, C./ Flühler-Kreis, D.: Die Manessische Liederhandschrift in Zürich, Zürich 1991 (Schweizer Landesmuseum)

Bühler, Johannes: Bauern, Bürger und Hanse, Leipzig 1929 (Insel-Verlag)

Bürck, Gerhardt: Die Welt des Mittelalters (Weltgeschichte im Aufriss), Frankfurt am Main 1995 (Diesterweg)

Chastel, A. (Hg.): Leonardo da Vinci. Sämtliche Gemälde und die Schriften zur Malerei, München 1990 (Schirner)

Cooke, Alistair: Amerika. Geschichte der Vereinigten Staaten, München 1977 (Heyne)

Czok, Karl: Das alte Leipzig, Leipzig 1978 (Koehler Amelang)

Die Neuzeit, Frankfurt a. M. 1978 (Diesterweg)

Die Reise in die Vergangenheit, Bd. 3, Braunschweig 1991 (Westerm.)

Fink, Humbert: Martin Luther, Esslingen 1994 (Bechtle)

Fischer-Fabian, Siegfried: Der Jüngste Tag, München 1985 (Knaur)

Fischer-Fabian, Siegfried: Die deutschen Caesaren im Bild, München 1992 (Droemer)

Fischer-Fabian, Siegfried: Die deutschen Caesaren, München 1977 (Droemer)

Franz, Günther (Hg.): Quellen zur Geschichte des deutschen Bauernstandes des Mittelalters, Berlin 1967

Frenzdorff, F.: Die Chroniken der deutschen Städte, Bd. 5, Leipzig 1866

Geschichte für die Hauptschule 7, Donauwörth 1987 (Auer)

Geschichtsbuch, Klasse 7, Berlin 1989 (Volk u. Wissen)

Gesta friderici: Ausgewählte Quellen zur deutschen Geschichte im MA, Bd. 17

Gitermann, Valentin: Geschichte Russlands, Bodenheim 1987 (Anton Hain)

Grimmelshausen, H. J. Christoffel von: Der abenteuerliche Simplicissimus, München 1956

Grün, Robert (Hg.): Christoph Columbus. Das Bordbuch 1492, Tübingen 1970 (Erdmann)

Grundriss der Geschichte, Dokumente, Bd. 1, Stuttgart 1986 (Klett)

Guggenbühl, G./Huber, C.: Quellen zur Geschichte der neuesten Zeit, 4. Aufl., o.O. 1976

Helbig, H.; Weinrich, L.: Urkunden und erzählende Quellen zur deutschen Ostsiedlung im Mittelalter, Erster Teil, Darmstadt 1968 (Wiss. Buchgesellschaft)

Helmold von Bosau: Slawenchronik (Übersetzer Heinz Stoor), Darmstadt 1973 (Wiss. Buchges.)

Hexenprozesse in Kurhessen. Nach den Quellen dargestellt von K. H. Spielmann, Marburg 1932 (Elwert)

Higounet, Ch.: Die deutsche Ostsiedlung im Mittelalter, Berlin 1986

Historisch-politisches Quellenbuch, Bd. 1, Frankfurt 1973 (Diesterweg)

Hug, Wolfgang: Quellenlesebuch, Bd. 1, Frankfurt 1981 (Diesterweg)

Hühns, Erich u. Ingeborg: Bauer, Bürger, Edelmann, Berlin 1963 (Neues Leben)

Jansen, Max: Die Anfänge der Fugger (bis 1494), Leipzig 1904

Kaspar, Heinz; Wächtler, Eberhard (Hg.): Geschichte der Bergstadt Freiberg, Weimar 1986 (Böhlau Nachfolger)

Ketsch, Peter: Frauen im Mittelalter, Düsseldorf 1983 (Schwann)

Klemm, F./Wissner, A. (Hg.): Fausto Veranzio, Machinae Novae, München 1965 (Heinz Moos Verlag)

Krieger, H.: Handbuch des Geschichtsunterrichts, Bd. 5, Frankfurt a. M. 1980 (Diesterweg)

Kuhn, Annette (Hg.): Chronik der Frauen, Dortmund 1992 (Chronik V.)

Laudage, Johannes (Hg.): Der Investiturstreit. Quellen und Materialien, Köln 1990 (Boehlau)

Lautemann, W./Schlenke, M. (Hg.): Geschichte in Quellen, Bd. 3 bearb. von F. Dickmann, München 1966 (bsv)

Lautemann, Wolfgang (Hg.): Geschichte in Quellen, Bd. 2, München 1970 (bsv)

Liji: Das Buch der Sitte des älteren und jüngeren Dai. Übersetzt von R. Wilhelm, o.O., o.J.

ooß, Sigrid: Luther in
Worms, in: Illustrierte hist.
Hefte Nr. 31

Luther, Martin: Ausge-
wählte Schriften, Frank-
furt a. M. 1955 (Fischer)

Miethke, J./Bühler, A.:
Kaiser und Papst im
Konflikt, Düsseldorf 1988
(Schwann)

Pleticha, Heinrich: Deut-
sche Geschichte, Bd. 3,
Gütersloh 1982 (Bertels-
mann)

Pleticha, Heinrich: Ritter,
Burgen und Turniere,
Würzburg 1969 (Arena)

Pollmann, Eberhard:
Lesebuch zur dt.
Geschichte, Bd. 1, Dort-
mund 1984 (Chronik
Verlag)

Prawer, J.: Die Welt der
Kreuzfahrer, Wiesbaden
1974

Praxis Geschichte,
Heft 1/1996

Reinhard, Wolfgang:
Geschichte der europäi-
schen Expansion, Bd. 1,
Stuttgart 1983 (Kohl-
hammer)

Rüdiger, W.: Die Welt der
Renaissance, München
1970 (Desch)

Schmale, Franz J. (Hg.):
Die Taten Friedrichs oder
richtiger Chronica, Darm-
stadt 1965 (Wiss. Buch-
ges.)

Schmale, Franz: Quellen
zum Investiturstreit I,
Darmstadt 1978 (Wiss.
Buchges.)

Schmitt, Eberhard/Verlin-
den, Charles (Hg.): Die
mittelalterlichen Ursprünge der europäischen
Expansion, München
1986 (Beck)

Schmitt, Eberhard: Die
Anfänge der europäi-
schen Expansion, Idstein
1991 (Schulz-Kirchner)

Schmitt, Eberhard: Die
großen Entdeckungen,
Dokumente zur Geschich-
te der europäischen
Expansion, Bd. 2,
München 1984 (Beck)

Schulze, Hans K.: Hege-
moniales Kaisertum,
Berlin 1994 (Siedler)

Sokoll, Thomas: Bergbau
im Übergang zur Neuzeit,
Idstein 1994 (Schulz-
Kirchner)

Wenzel, Horst: Die Auto-
biographie des späten
Mittelalters und der
frühen Neuzeit, Bd. 2,
München 1980 (Fink
Verlag)

Zeit und Ewigkeit. 128
Tage in St. Marienstern.
Ausstellungskatalog,
Halle an der Saale 1998
(Stekovicz)

Abbildungsnachweis